本书为 2024 湖南省教育厅优秀青年项目；

两创方针视域下湘西南民间工艺和乡村产业嵌合式发展路径研究 24B0696；

宝庆非遗艺术创作数字化发展传播路径研究 22YBA09

文创产品的设计开发与推广传播研究

李 韧　胡玉平　著

东北师范大学出版社

·长 春·

图书在版编目（CIP）数据

文创产品的设计开发与推广传播研究 / 李韧，胡玉平著. — 长春 ：东北师范大学出版社，2025.1.
ISBN 978 - 7 - 5771 - 2283 - 0

Ⅰ. G114

中国国家版本馆 CIP 数据核字第 2025PE7736 号

☐责任编辑：张春雷　　☐封面设计：优盛文化
☐责任校对：何兵一　　☐责任印制：侯建军

东北师范大学出版社出版发行
长春净月经济开发区金宝街 118 号（邮政编码：130117）
电话：0431—85690289
网址：http：// www. nenup. com
东北师范大学音像出版社制版
定州启航印刷有限公司印装
定州经济开发区大奇连体品小区永康大街东侧
2025 年 1 月第 1 版　2025 年 3 月第 1 次印刷
幅面尺寸：170mm×240mm　印张：12　字数：220 千

定价：78.00 元

内容简介

    本书属于文创产品方面的著作，由文创产业的起源与发展、文创产品的相关概念、文创产品的设计、图书馆文创产品的设计开发、博物馆文创产品的设计开发、多领域文创产品的推广传播、优秀文创案例等部分共同组成。文创产业是当代社会中的一个新兴产业，其与传统产业最大的不同就在于实现了文化性、创意性的结合与统一。在消费者对于产品要求越来越高的今天，文创产品具有其他商品所不具备的发展潜质。全书主要研究文创产品的相关理论与实践，对从事文创开发与产品设计的研究学者与相关领域工作者具有学习与参考的价值。

前　言

　　随着世界各国经济水平不断提升，传统产业都得以飞速发展，文化创意产业"乘着东风"异军突起，借助新时代的新兴技术，成为如今世界文化发展的重要潮流。文创产业最早产生于 20 世纪中后期的英国，随后席卷欧美诸国，对各行业都产生了明显的影响。进入 21 世纪，我国综合国力明显提升，为了顺应开放与交流的时代主题，也开启了文创产业发展的"新道路"。

　　经过多年发展，如今我国的文创产业已经取得了不俗的成绩，各大中型城市的文创产业园如雨后春笋一般争相建立起来，如北京 798 艺术区、上海 M50 创意园、成都东郊记忆、青岛创意 100 文化产业园；各种各样的文创产品层出不穷、琳琅满目。其中，不得不提及走在"文创前沿"的各大博物馆，如国家博物馆、故宫博物院、苏州博物馆、陕西历史博物馆等，以上博物馆都深刻意识到文创产品的重要意义，并努力进行相关产品的设计与开发。

　　目前在"文化强国"战略的引导下，文化的重要作用更是日益凸显，世界各国都在为了提升本国的"文化软实力"而不断努力。文创产品包含丰富的文化内涵，承载着大量文化元素，优质的文创产品必然能够对社会发展起到积极的促进作用，能够有效促进主流文化传播。鉴于此，文创产品的研发与推广具有极其重要的学术价值与文化价值。

　　本书一共包含七章，为文创产业的起源与发展、文创产品的相关概念、文创产品的设计、图书馆文创产品的设计开发、博物馆文创产品的设计开发、多领域文创产品的推广传播、优秀文创案例等部分。本书力图以文创产品作为主要内容，以文创产业与文创产品的"前世今生"作为切入点，对文创行业相关内容进行详细的论述，并深入分析文创产品的有关概念，找到新时代下文创产品设计开发与推广传播的新思路，从而为我国文创产业未来的发展建设助力。

目　录

第一章　文创产业的起源与发展 ……………………………………………… 1

　第一节　文创产业的起源 ……………………………………………… 1

　第二节　文创产业的发展模式 ……………………………………… 5

　第三节　文创产业的转型升级 ……………………………………… 14

　第四节　国内外文创产业发展 ……………………………………… 16

　第五节　文创产业典型案例 ………………………………………… 26

第二章　文创产品的相关概念 ………………………………………… 41

　第一节　文　　化 …………………………………………………… 41

　第二节　文化创意与文创产品 ……………………………………… 47

　第三节　文创产品的特点与类别 ……………………………………… 51

　第四节　文创产品的价值与意义 ……………………………………… 58

　第五节　我国文创产品的发展趋势 …………………………………… 61

第三章　文创产品的设计 ……………………………………………… 64

　第一节　文创产品的设计理论 ……………………………………… 64

　第二节　文创产品的设计方法 ……………………………………… 68

　第三节　文创产品的设计流程 ……………………………………… 85

第四章　图书馆文创产品的设计开发 …………………………………… 89

　第一节　图书馆文创产品的概况 ……………………………………… 89

　第二节　图书馆文创产品的种类 ……………………………………… 91

　第三节　图书馆文创产品的实践 ……………………………………… 95

第五章　博物馆文创产品的设计开发 …………………………………… 100

　第一节　博物馆文创产品的概况 ……………………………………… 100

　第二节　博物馆文创产品的种类 ……………………………………… 108

第三节 博物馆文创产品的实践 …………………………………………… 110

第六章 多领域文创产品的推广传播 …………………………………… 117

第一节 影视媒介的文创产品推广传播 ………………………………… 117

第二节 博物馆平台的文创产品推广传播 ……………………………… 118

第三节 网络平台的文创产品推广传播 ………………………………… 120

第四节 大数据平台的文创产品推广传播 ……………………………… 122

第七章 优秀文创案例 …………………………………………………… 125

第一节 故宫博物院文创产品 …………………………………………… 125

第二节 国家博物馆文创产品 …………………………………………… 136

第三节 《国家宝藏》文创产品 ………………………………………… 145

第四节 苏州博物馆文创产品 …………………………………………… 148

第五节 陕西历史博物馆文创产品 ……………………………………… 154

参考文献 …………………………………………………………………… 162

附 录 ……………………………………………………………………… 166

第一章　文创产业的起源与发展

第一节　文创产业的起源

一、文创产业的历史背景

文创产业，即文化创意产业，是经济全球化背景下以创造力为主要内核的一种新兴产业。文创产业出现于特定的时代，是时代的产物，有着比较丰厚的时代背景。该产业产生于西方社会，所以探究其背景应当从 20 世纪的西方社会入手。

（一）经济水平飞速发展，为文创产业提供经济支撑

20 世纪中后期西方国家经济取得了显著发展，社会经济明显进步，经济结构开始转型，这一切具有深厚的历史原因与社会原因。

1. 第二次工业革命为经济发展提供支持与保障

19 世纪末，欧美等国相继爆发第二次工业革命，这极大推动了社会生产力的发展，对人类社会的经济、政治、文化等各个领域产生了广泛的影响，具有极其深远的意义。这一阶段，大量企业如雨后春笋般开始出现并迅速发展，包括如今广为人知的西门子公司、奔驰汽车公司等。

总之，第二次工业革命使得世界上的资本主义国家的生产力大大提高，资本家的财富积累也日渐增加，这标志着人类将迈进一个新的时代。在这样的时代中，垄断资本即将成为一种普遍现象，资本的积累与扩张为众多资本主义国家的发展提供了经济方面的支持与保障，成为西方各国经济持续发展的一个重要原因。

2. 第二次世界大战使各国认清经济与技术的重要性

第二次世界大战爆发于 20 世纪 30 至 40 年代，在此期间，世界各国尤其是美国与部分发达的欧洲国家为了战争的需要，投入了大量的人力、物力和财力发展相应的科学技术，制造新式武器。

它们将人类历史上未曾出现的诸多新型武器运用于战场之上。在战争中，科学技术与经济实力较强的国家，相比于一般国家，有着无可比拟的优势。例如，

德国生产出战争中的坦克霸主虎式坦克，横扫同期其他国家的装甲设备。1944年诺曼底登陆以后，盟军惊骇地发现，自己装备的坦克没有一样是虎式坦克的对手。

战争结束后，各国吸取战争的惨痛教训，真正意识到经济与科技的重要性，大力发展国家经济，这使得世界各国在 20 世纪中叶出现了经济领域的快速发展，各国迅速"复苏"，在极短的时间内发展到以往未曾达到的经济水平，这成为西方各国经济快速发展的第二重原因。

综上，无论是第二次工业革命还是第二次世界大战，虽然其分别爆发于 19 世纪末期与 20 世纪上半叶，但是所产生的影响却是深远的。它们在很大程度上提升了各国对于科技水平与经济水平的重视程度，促进了西方各国的经济发展，这构成了文创产业得以产生的重要经济因素。

（二）出现多元思潮与文化，为文创产业提供人文支撑

随着社会发展，各国经济实力不断增强，尤其 20 世纪 60 年代之后，西方各国开始爆发了许多大规模的社会活动。这些社会活动之所以会产生，是因为西方社会的经济已经取得了一定程度的"飞跃"，传统的、守旧的、单一的生产模式与生产结构已经不再适合新时代的发展。

人们在物质需求得到满足的情况下，更加注重精神方面的追求，人们的审美、追求都变得愈发多元化，人们更加重视差异，弘扬个性的解放，而反对主流文化。人们开始追求能够表现和彰显个人审美追求的"新产品"，这促使各生产行业开始转型。各产业为了追求经济效益最大化，必须要转变思路，以迎合消费者为优先，开发与时代接轨、与潮流一致、具有多元文化内涵的产品。可见，这一时期西方各国思潮涌动、文化多元，这种社会文化环境为此后文创产业的产生与建立提供了强有力的人文支撑。

（三）出台鼓励创新政策，为文创产业提供政策支撑

在经济与文化的双重背景之下，西方各国看到了产业转型与文化多元发展的社会趋向。为了促进国家经济的进一步发展与完善，20 世纪 80 年代，一些国家领导人开始有意识鼓励和促进新兴产业的发展。英国的"铁娘子"撒切尔夫人上台后曾大刀阔斧进行改革，包括减少政府干预，推行民营化，支持民营企业自由竞争；降低税率，为企业减轻负担，帮助它们营造出更加公平的市场环境。

1984 年，撒切尔夫人曾对英国的企业领袖说道："我任职只有一个意图：改变英国，从仰赖他人转为自力更生。"可见，撒切尔夫人期望英国能够拥有自己的核心产业，其政策也确实起到了这样的效果，明显刺激了英国经济市场的差异化发展，促使创意产业开始萌芽。

此外，时任美国总统里根也推出了相似的政策，里根大力支持市场经济发

展，鼓励私有化与自由竞争，表示企业要创新，有创新才能有发展的动力。可见，西方部分国家的领导人所出台的政策，对文创产业的产生提供了政策支撑。

总的来看，文创产业的出现不是偶然的，而是有着深刻的历史背景，20 世纪中期的经济发展为其提供了经济基础，20 世纪中后期公众思维意识的多元发展为其提供了文化基础，而党和国家领导人出台的新政为其提供了政策基础，共同促进当代文创产业产生。

二、文创产业的初步产生

（一）文创产业产生的时间

关于文创产业的初步产生，学界普遍认为源自英国（在英国文创产业被称为"创意产业"，为了便于理解，我们仍采用中国的称呼"文创产业"），在这一点上基本没有异议，但是对初步产生的具体时间存在着不同的观点，目前存在两种看法：

第一种观点，认为文创产业产生于 1998 年，应当以英国政府 1998 年所出台的《英国创意产业纲领文件》作为标志。《英国创意产业纲领文件》清楚表明要将文化创意产业提升到国家经济战略的新高度，要求各区积极采取措施推动文化创意产业的发展。

第二种观点，认为文创产业产生于 1997 年，学者认为这时虽然并未出台包含"创意产业"字眼的政策与文件，但是时任英国首相布莱尔十分注重创意产业的发展。他明确文化创意产业发展的政府主导部门，将原主管文化的"国家遗产部"更名为"文化新闻体育部"。该部作为正式的政策协调机构，主要负责在国家层面扮演文化、新闻、体育事务政策协调员的角色，其职能定位是协助创意产业提高社会认知度，助推各创意产业门类充分发展其经济潜力。同年 10 月，英国政府专门成立了跨部门、跨行业的文化创意产业特别小组。该小组成员由外交部、英国文化委员会、财政部、贸易和工业部等部门行政首长、政府高级官员以及与创意产业相关的重要商业公司的负责人和社会知名人士等组成。以上活动足以表明英国在 1998 年之前就已经有了文创产业。

（二）文创产业初具规模

进入 21 世纪，英国政府为了支持文创产业发展，制定了一系列政策，使文创产业的发展趋于完善。

1. 英国政府制定引导扶持政策

加大对于新兴产业与创新产业的扶持。例如，2001 年，英国政府发布《文化与创新：未来 10 年的规划》绿皮书，其中关于文创产业的内容十分丰富，并且首次将"创新式文化合作政策"作为国家的重要政策推出。该书以跨教育、跨经济和跨文化为视角，提出了整合性的扶持文化产业发展的政策，旨在通过激发文化创意思维和文化欣赏力，来推动文化改革开放和文化产业创新发展。同时，出台鼓励私人投资文化产业的特殊优惠政策。

2. 英国政府建立财政支持机制

加大对于文创产业的资金支持力度，增加财政拨款，帮助中小企业筹措资金，适当降低税率，取得了广泛的成效。例如，对公益性文化领域给予重点资助，资金重点投向严肃艺术、国家重点文艺团体、高质量、高水平的艺术节目；重点支持中小型文化创意企业。由英国科学、技术及艺术基金会或政府的小型公司贷款保证计划提供项目发展资金或创意孵化基金，对中小型文化创意企业或从业者提供金融或政府的投资援助，提供各地可提供资金支持的机构名册等信息；逐步建立完整的文化创意产业财务支持系统，建立宏观财政调整机制，为企业提供各种投资帮助，并为其提供放贷"快速通道"。

3. 英国政府构建人才培训平台

重点培养具有创新意识与创新能力的人才，致力形成产学研相结合的新型人才支持体系。英国政府是世界上较早构建创意型人才培养平台的国家之一，有关部门在政府的领导下，十分重视人才，注重人才创意的重要性。例如，英国产业技能委员会等机构设立人才再造工程，在高校或研究机构建立创意人才培养基地，加强创意专业人才的培养，促进英国在人才经济时代走上领先的行列。

4. 英国政府十分重视国际领域合作交流

英国政府认为广泛的交流、沟通、合作，能够促进各国的文化交融，有利于实现文化领域的创新，从而推动国家文创产业的多元发展。为此，英国政府支持各项文化交流活动，如建立长期出口策略，建立创意文化产业国际推广分析与评估机制等。

总之，当代意义的文创产业产生于英国，在 20 世纪与 21 世纪之交，英国文创产业已经具有了一定的规模，这一切都归根于英国政府对于文化与创意的高度重视。经过 20 余年的发展，如今的文创产业已经在世界上"遍地开花"，无论是西方的诸多发达国家还是其他国家，都可以看到文创产业的"身影"。

在我国，文创产业也实现了快速发展，尤其是在"文化强国"战略的推动下，蕴含文化底蕴，具有一定的价值导向性与教育性的新型产业已经在某种意义上成为各产业中"冉冉升起的新星"，并衍生出了多种不同的发展模式。

第二节 文创产业的发展模式

一、文化旅游模式

在我国，文创产业的发展模式包含文化旅游模式、资源活化模式、产业升级模式、技术驱动模式、城市转型模式、政策引导模式。其中，文化旅游模式在我国社会中普遍体现为文化旅游产业的创意化发展。

（一）基本概况

文化旅游产业，是一种新兴于 20 世纪末期的产业模式，是旅游产业与文化创意产业的结合，二者的有机结合是一种"互惠互利"的过程，既促进了旅游业的发展，也加快了文创产业的前进步伐。

需要注意的是，文化旅游与旅游文化要严格区分，有学者存在泛文化现象，认为文化旅游即旅游文化，把与旅游相关的一系列内容全部归于文化旅游，笔者认为这是一种比较片面的观点。旅游文化所指的是人们在进行旅游活动中，所涉及的一切物质或精神的内容；而文化旅游则是旅游主体以文化享受、文化体验为目的的旅游活动，可见，文化旅游与旅游文化在根本目的上就是不同的。

如上节所述，文化创意产业萌芽于 20 世纪 80 年代的英国，受其影响，我国早在 20 世纪末期就有了文创产业的雏形，只是由于经济发展水平与人们文化观念的原因，还并未得到广泛的关注。殊不知这一时期我国的部分旅游城市已经开始发展文化旅游行业，新业态已显露雏形。

进入 21 世纪，人们的物质水平越来越高，开始对精神方面的享受有了更多的追求，越来越多的人希望能够在休闲与旅游中寻找更多心灵上、精神上的收获和寄托。

因此，国人中的一部分群体开始关注文化旅游市场。为了进一步发展社会主义经济，繁荣社会主义文化，党中央也深刻认识到文化旅游产业对于提升国民整体素质，增强民族凝聚力与民族自豪感的积极意义，开始支持和发展旅游行业，并为之制定和出台了许多政策，以助力旅游产业蓬勃发展。21 世纪以来我国政府及相关部门出台了一系列关于文化产业与旅游产业的相关政策，具体见下表。

表 1 - 1

2009 年	国务院常务会议通过《文化产业振兴规划》。
	文化部和国家旅游局发布《关于促进文化与旅游结合发展的指导意见》。
	国务院发布《关于加快发展旅游业的意见》。

2010 年	文化部和国家旅游局推出以"文化旅游、和谐共赢"为主题的"中国文化旅游主题年"系列活动。
2011 年	国家旅游局推出"中华文化游"主题旅游年活动。
	十七届六中全会上通过《中共中央关于深化文化体制改革推动社会主义文化大发展大繁荣若干重大问题的决定》。
2012 年	十八大报告首次提出"建设美丽中国"概念,旅游发展前景广阔。
	十八大报告提出,要推动文化产业快速发展,到 2020 年文化产业成为国民经济支柱性产业。
2013 年	"一带一路"的提出,明确了我国未来文化旅游产业发展方向。
2014 年	国务院发布《关于促进旅游业改革发展的若干意见》,明确提出创新文化旅游产品。
	国务院发布《关于推进文化创意和设计服务与相关产业融合发展的若干意见》指出,以文化提升旅游的内涵质量,以旅游扩大文化的传播消费。
2015 年	国家旅游局"515 战略"的推动。
2016 年	国务院印发《"十三五"旅游业发展规划》,明确指出"理念创新,构建发展新模式"。
	国务院办公厅印发《关于进一步扩大旅游文化体育健康养老教育培训等领域消费的意见》,加速升级旅游消费。
2017 年	2017 年中央 1 号文件指出:大力发展乡村休闲旅游产业。
	文化部印发《文化部"十三五"时期文化产业发展规划》,提出到 2020 年,文化产业整体实力和竞争力明显增强,培育形成一批新的增长点、增长极和增长带。
	发改委联合多个部门印发《"十三五"时期文化旅游提升工程实施方案》,鼓励吸纳社会资本参与,推广 PPP 模式。
2018 年	农业农村部印发《关于开展休闲农业和乡村旅游升级行动的通知》,到 2020 年,休闲农业和乡村旅游产业规模进一步扩大,营业收入持续增长,力争超万亿元。
2020 年	文化和旅游部发布《文化和旅游统计管理办法》,从而提高文化和旅游统计数据质量,发挥统计在文化和旅游管理中的重要基础性作用。
2021 年	文化和旅游部、民政部、财政部、人力资源社会保障部、税务总局、市场监管总局共同发布《关于营造更好发展环境支持民营文艺表演团体改革发展的实施意见》。

根据上表可知,近年来我国政府对于文化旅游产业的发展始终保持着高度关注。在大政方针的支持下,越来越多的文化资源被旅游项目产业化,风格多样、

内涵丰富的文化旅游也就应运而生了。加之我国历史悠久，经历了几千年的风风雨雨，已经积淀下极深的文化脉络，不同文化体系已经发展为各具特色的文化旅游区。例如青藏川一带的佛教文化旅游区域；云贵广一带的少数民族文化旅游区域；陕西关中平原一带的秦汉唐文化旅游区域；江浙水乡及其周边的水韵文化旅游区域；京冀地区的明清文化旅游区域。可以预测的是，在今后较长的一段时期内，我国的文化旅游产业仍将取得更大的发展。

（二）基本路径

将文创产业与旅游产业进行结合，既需要分析文创产业的特征，又需要考察旅游产业的实际情况，所以必须遵循特定的原则和步骤。

1. 了解文化遗产，建立"文化资源库"

华夏大地疆域辽阔、民族众多，由于不同地区的地理环境、气候特征均有所不同，生活在不同地区的华夏先民就在不断摸索与实践中开创了风格迥异的文化谱系。

在中国的任何一个角落，都有可能存在尘封千年、饱经沧桑的文化瑰宝。相关领域的工作人员必须要以专业的眼光，深入了解和研究自己的文化，全方位、宽领域对文化进行搜集与整理，无论是物质文化遗产还是非物质文化遗产，都要给予同等的重视，并建立起"文化资源库"，这些宝贵的文化将为文化旅游产业的进一步开发提供丰富的借鉴与思路。

2. 对"文化资源库"进行深入评估

我国文化体系博大精深，包含的资源异常丰富，但是，旅游资源并不等同于文化旅游资源，二者之间存在着明显的差异，并非所有的旅游资源都能够满足文化旅游的要求。

所以，要对"文化资源库"进行全面深入的评估和研究，从中找到适宜发展为文化旅游资源的元素。例如，地方建筑，包括民居、桥梁、城池、寺庙等，可以展现地方民居的风格、材料特点，让游客体验其功能，感受其文化底蕴；地方饮食，包括地方菜、茶、咖啡、水果等，也可向游客展现其文化的魅力。

3. 针对文化旅游资源选择开发形式

由于文化旅游资源的种类比较多样，相关人员在进行创意开发时，要针对不同资源的特性，选择不同的开发形式。比较常见的创意开发形式如图所示（图1-1）。

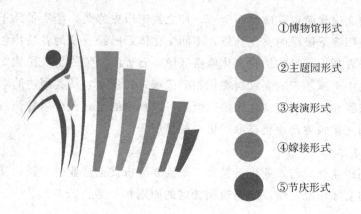

①博物馆形式

②主题园形式

③表演形式

④嫁接形式

⑤节庆形式

图 1-1　常见创意开发形式

（1）博物馆形式

这是最主要、最传统的一种开发形式。我们可以对全国各地的名人故居，及其相关的博物馆进行创意性改造。改造后，它们不仅能够体现出名人先贤留给我们的宝贵文化财富，又具有一定的创新性，让游览参观者感觉到耳目一新，如雷州石狗博物馆等。

（2）主题园形式

主题园，是以包含大量丰富文化底蕴旅游资源为主体，打造而成的创意旅游景区，既具有较强的观赏性，又具有一定的文化创意性。例如，陕西西安的大唐芙蓉园和大唐不夜城分别以唐朝建筑芙蓉园与大雁塔为核心所打造，具有历史价值与文化价值；同时，相关工作人员运用现代的灯光技术、音乐技术、视觉传达技术对其进行丰富，给游客带来了无与伦比的视觉盛宴。

（3）表演形式

文化艺术表演素来是重要的文化旅游资源之一，由于上古先民对自然现象充满着未知与恐惧，发明出原始的舞蹈大傩，久而久之，大傩演变为种类多样，以文娱为目的的表演形式。如今，多种多样的表演承载着丰富而悠久的文化底蕴。例如，云南丽江的《印象·丽江》、陕西西安的《长恨歌》都是典型的表演类文化旅游资源，具有极强的观赏性、艺术性、文化性；同时，表演所用的舞台均有现代技术进行创意化设计，进一步提升了舞台效果。

（4）嫁接形式

嫁接形式就是以某种文化体系为核心，将其运用到休闲度假的场所中，如主题酒店、主题餐厅等。我们所熟知的苏州网师园的"古典夜园"、北京"傣家村"餐厅都是这一形式。这种形式给游客带来身临其境的感觉，仿佛置身于其他环境中，产生一种时空错觉，极具感染性与创新性。

（5）节庆形式

节庆形式，指针对全国各地的各种民间习俗与民间节日而开发的创意性文化旅游资源。众所周知，我国具有丰富的节日文化，为人熟知的节日有春节、元宵节、清明节、端午节、乞巧节、中秋节等。在许多少数民族聚居区，少数民族居民仍然保留着古老的节庆习俗，将这些习俗的体验作为文化旅游资源是不错的选择。

二、资源活化模式

资源活化模式，就是让静态的文化资源"活起来"。在我们的文创产业发展与实践中普遍存在，可被称为文创产业发展的根本模式。这主要是由于以下两方面：其一，在世界上存在大量的文化资源，这些资源数量众多，可以通过创意将其转化为继续发展的动力；其二，各类资源与文化创意产业结合能够发展出新的文化产品。

资源活化模式包含四要素：前提是要开拓资源的新视野，看到废弃旧厂房、发电厂等工业遗迹的利用价值从而赋予新的用途；基础是要梳理资源新谱系，以便发现城市和国家的潜力，为资源的开发和利用打好基础；本质是要挖掘资源新内涵，从而让废弃的资源展现出不一样的光彩；关键是要找准资源的新卖点，这对于资源的活化来说至关重要。

文化创意产业具有资源产业的特征，它既可以满足人们的需求，又可以实现价值的增长，更为重要的是能够创造新的需求，完成资源的"服务—增长—修复—再服务"循环链，成为一种新型的资源。那些印在人们脑海中的厂房、烟囱构成了都市人的乡愁，保护工业遗产、历史文化资源就是留住乡愁，利用好这些资源可以让我们的记忆得到延续。工业资源和历史文化资源是阅读城市的重要物质载体，对其实施保护和合理利用不仅有助于维护城市历史风貌，保持生机勃勃的地方特色，而且还有助于改变千城一面的城市形象，具有特殊的意义。

此外，文化创意产业在老工业区的聚集发展也将工业区转化成文化区，带动了本地区的经济发展和文化复兴，不但盘活了工业建筑遗产和历史文化资源，使之成为新的生产力的载体，而且使其凝聚的历史价值融入了艺术气息。

可见，文化创意为老城空间注入了新的文化内容和经济活力，使得传统生活的原真性和现代文化的时尚感融合在了一起，其最终形成的文化创意空间更是让资源得以活化再利用。

三、产业升级模式

当代社会最注重的就是创新与升级，更先进的技术水平与产业结构能够有效提升产业的各项指标,从而有效促进产业的更新换代。产业升级模式,指产业结构的改善和产业素质与效率的提升。文创产业的升级模式一般包含两种,分别为产业融合模式与产业集聚模式。

(一)产业融合

伴随着生产水平与科学技术的不断发展,如今我国各行业各产业已经发展到较高的水平,相比 20 世纪已经发生了翻天覆地的变化。这样的成果极大满足了人们的物质需求,也对产业未来的发展提出了更高的要求。这是因为,如果一直保持原有的产业发展模式,各行业已经接近于一个比较饱和的状态,不会再次取得质的飞跃,而只能是缓慢地、渐进地发展。所以,新时代我们应当找寻具有一定创新性的路径,以促进文创产业继续发展,而产业融合无疑是一个正确的选择。

产业融合,指社会中的不同产业互相渗透、融合,以促进产业交叉与发展,优势在于,各产业能够在不断融合中发现其他产业能够为自身提供的帮助与借鉴。产业融合有助于传统产业的创新发展,进一步推动产业结构优化与完善,一些曾经比较过时和老旧的生产方式能够在融合的过程中取得明显进步;有助于产业竞争力的提升,当今各行业的竞争愈发激烈,如果缺乏创新性,很可能会流失大量客户,同时对于潜在消费者也将缺乏吸引力,而产业融合为行业发展提供丰富的支持,促进其各项实力提升,从而提升市场竞争力。对于文创产业而言,其与工业、农业、建筑业均可实现一定程度上的融合发展。

1. 文创产业与工业的融合

该融合一般是通过两种方式,第一种是对工业产品的外观、功能、结构等进行创意设计,来提高质量,提升附加值,从而大幅提升工业产品的价值;第二种是通过创意设计促进产品制造、配套服务等方面的联动,给消费者带来情感、审美上的内在体验,有效提升产业链后端的价值。

2. 文创产业与农业的融合

众所周知,我国自古就是以小农经济为主体经济模式的社会,人们素来对农业有着强烈的重视与关注。历朝历代最关心的问题就是"人们能不能吃饱饭",这也是最为首要的一个问题。如今我国农业已经与许多产业实现了融合,如观光旅游农业、生态环境农业等,取得了显著成绩。而借助文创产业的理念,将科技与文化融入农业,形成文创农业产业,不仅有助于我国农业进一步发展,还有助于加深人们对文创产业的认知与了解程度。

3. 文创产业与建筑业的融合

建筑业能够为人们提供丰富的居住场所与多样的活动场所,加入艺术创作元素，能够让建筑体现出更多的艺术感，给人以美的享受。反过来，人们也能在遍布于城市各个角落的建筑物中发现文化创意的元素。

（二）产业集聚

产业集聚，指相同或相似产业在城市中发展于同一区域之中，一方面，大量相似产业集聚之后，会为了各自的发展与利益而致力于做出创新与改进；另一方面，产业的集聚还能够产生一定的溢出效应，对于不同地域文化资源有效整合开发有着促进作用，可见，对文创产业实行区域式集聚能够有效带动当地的文创产业发展。

产业集聚一般包括文创园区、文创集聚区等形式。

1. 文创园区

文创园区在企业孵化服务、投融资服务、技术支撑服务等方面普遍发挥着极其关键的作用，是加速创意企业、创意人才和资源集聚的重要载体。文创园区具有如下类别。

根据区位依附，可分为以旧厂房和仓库为区位依附的创意产业园；以大学为区位依附的创意产业园；以开发区为区位依附的创意产业园；以传统特色文化社区、艺术家村为区位依附的创意产业园。

根据园区性质，可分为产业型创意产业园区、混合型创意产业园区、艺术型创意产业园区、休闲娱乐型创意产业园区、地方特色创意产业园区。

根据园区功能定位，可分为创作型创意产业园、消费型创意产业园、复合型创意产业园、都市型创意产业园、原生态型创意产业园。

根据文化产业，可分为影视文化创意产业园、电信软件创意产业园、工艺时尚创意产业园、设计服务创意产业园、展演出版创意产业园、咨询策划创意产业园、休闲娱乐创意产业园、科研教育创意产业园。

2. 文创集聚区

文创集聚区，一般是当地有关部门对市场环境进行深入调研和分析之后，由政府对文化创意产业进行全面统筹与规划。这种模式最大的特点就是集聚，要求文创产业集中发展，形成一个互相联系、互相促进、互相借鉴的产业集群，在该集群中，能够实现文创资源的共享利用，有效促进产业发展，提升当地整体的经济效益。

文创集聚区一改常态，与传统园区的形态明显不同，极为重视"集聚"二字，真正贯彻与践行了产业密集的发展路线。

四、技术驱动模式

谈及技术驱动，在第二次世界大战结束之后，各国就已经对科学技术具有极高的重视程度。在战争中，德国以其发达的科技水平与军备实力，对其他国家实施了大规模武装侵略，极大地震撼了当时各国领导人的内心，各国纷纷在战后加紧了产业技术革新的步伐。

进入 21 世纪，知识经济成为时代的主题，世界各国在此前基础上更加重视各产业的科技水平。各行业各领域都力图将信息技术、新媒体技术等化为己用，以期实现产业结构的转型与创新，文创产业也在其中。近年来，文创产业实现了突飞猛进的发展，实现了与数字技术、网络技术的融合，其发展空间与发展潜力得到了全面释放。

在技术驱动的影响下，科技创新已经成为文创产业的重要"引擎"，一方面促进了实体经济与虚拟经济的融合，虚化了产业边际的界限，促进了产业的融合发展；另一方面也以这种创新文化生产方式改造了传统文化产业，催生新的业态。

目前许多发达国家在文创产业技术驱动模式方面具有较强的代表作用，以美国、英国为主。例如，独霸全球的好莱坞电影，其最大的优势便是拥有无可比拟的技术和源源不断的资金；伦敦文化创意产业的快速发展很大程度上依赖于数字化技术对创意产品和服务的制造、传播和消费方式的创新和改进，如伦敦泰特现代美术馆和阿尔伯特博物馆等，都借助数字化技术来向观众展示其收藏品。

除此之外，伦敦还启动了名为"跨界实验室"的项目，聚集了广播公司、电视节目制作商、游戏设计师、剧院制片人以及数字媒体公司，力求发展有模式的新互动娱乐方式。①

总的来看，技术驱动模式的重点在于利用新型技术，实现新型技术与文创产业的全面融合，以科技助力文创，以文创体现科技，用包含时代的话语诉说文化深厚的底蕴。在可以预见的未来，文创产业必将在科技的助力下取得更高阶段的发展。

五、城市转型模式

在社会的发展历程中，一直是以乡村向城市过渡和转变的趋势，所以随着时代发展，城市越来越多，无论是国内还是国外均是如此。城市的发展模式或主要产业主要包含两种，即传统工业城市、资源型城市，当然现在比较热门的旅游资源城市也属于资源型城市。

可是随着城市越来越多，即使有许多城市曾经具有自己的特色，沿着传统工

---

① 祝碧衡，蒋慧，沙青青，等. 国际大都市科技文化创新融合的经验研究 [J]. 中国科技信息，2014 (1)：202—204.

业道路或资源开发道路取得了丰硕的成果，但是发展到了一定的阶段，都会面临转型的问题。假如是工业城市，为了减少环境污染、碳排放，需要转变为集约型、环保型的城市；假如是资源型城市，也要考虑有朝一日资源匮乏又当如何，要提前做好防范性准备。

如今，文创产业逐渐进入大众的视线，已经有越来越多的学者开始以文创产业作为城市转型发展的全新路径。他们认为，未来城市发展可以开创出另外一条道路，那就是文创型城市。文创型城市不是在城市中单纯地兴建一些具有文创性质的建筑，开办一些文创活动，而是真正转变城市的发展模式，使其能够走上一条前所未有的道路，避免工业污染或资源匮乏而可能导致的不良结果。这种模式是以城市为基础，承载产业空间和发展产业经济，以文化创意产业为保障，驱动城市更新和完善服务配套，进一步提升土地价值，以达到文化创意产业、城市、人之间有活力、持续向上发展的模式。

至今为止，世界上已经有不少的国家开启了城市转型模式的文创产业道路，在一些发达国家中取得了一定的成绩，有力推动了城市的发展。例如，英国泰晤士河南岸、德国鲁尔区、纽约苏荷、日本北海道小樽运河等创意企业密集的区域，都是由制造业大发展时建造的厂房、仓库改造而成，这些旧式的建筑保留了城市的人文遗产，很好地结合了文化的传承与创新，既保护了历史遗产，同时又成为可持续发展的动力。①

总之，城市转型模式对于文创产业的发展具有较强的促进作用，而文创产业也能反过来助力城市转型，二者的有机融合，或将成为城市发展的新趋势。

六、政策引导模式

政策引导模式，是当代文创产业发展的重要模式之一，顾名思义，这是以政策为导向，借政策的"东风"，助力产业发展的模式。王立丽等学者对其解释为："是指政府通过制定产业发展战略和政策法律、构建金融财税体系、实现人才培养方案等来促进某一地区文化创意产业的迅速形成并高速发展，从而实现文化创意产业的跨越式大发展。"② 笔者认为，该定义较为全面，体现了政策引导模式的特点与优势。

谈到文创产业的政策引导模式，则无法绕开英国，英国是世界上第一个运用政策推动文创产业发展的国家，虽然起初并未出现政策引导模式这样一种叫法，但是这种形式却已经存在。

---

① 厉无畏. 发展创意产业 推动城市转型 建设文化强国 [J]. 上海经济, 2013 (7)：34—42.
② 王立丽，牛继舜. 伦敦文化创意产业发展模式借鉴与启示 [J]. 商业时代, 2013 (14)：121—122.

自 20 世纪末期，英国的国家领导人就十分重视文创产业的发展，大量的政府官员都普遍认为文化产业将成为与传统产业完全不同的一种新的产业形式，而且必将对英国未来的经济、文化等领域的发展起到巨大的促进作用。

事实证明，英国政府的观点无疑是正确的，如今的文创产业已经越来越受到世界各国人民的广泛关注。经过 20 余年，如今的英国已在政策上提出了诸多助力文创产业的文件。具体来讲，英国政府对文创产业的政策举措主要包含如下三个方面：

其一，政府在组织管理、人才培养、资金支持、生产经营等方面加强管控，形成长效机制。这种举措使英国国内的文创产业更加规模化、体系化、正式化，并且有效避免了部分优秀的文创产业因资金不足而导致产业难以维系的情况发生。

其二，培养公民创意生活与创意环境，挖掘群体文化对经济层面的影响力。这种举措有效增加了英国社会中对于文创产业关注的人群，提升了人们对之关注的热度，给文创产业的进一步发展提供了群众基础。

其三，加强政府与民间合作，对文创产业提供资助对策，包括保护知识产权、助力文化产品传输等。

第三节 文创产业的转型升级

一、文创产业转型升级的背景

自 20 世纪 80 年代以来，我国的经济发展速度明显提升，各行各业呈现出一种"井喷"的发展态势，伴随着经济、文化等领域的快速发展，文创产业也在这巨大的浪潮之中不甘落后。所以，我国文化产业的发展也随之加速，在 20 世纪与 21 世纪之交一跃成为社会中的重要产业。发展文创产业，对于文化事业、经济事业都具有一定的积极意义，同时也有助于社会中形成一种普遍重视文化的良好氛围。为了推动文化产业长足发展，政府先后出台了众多相关政策。

2009 年 7 月 22 日，我国第一部文化产业专项规划——《文化产业振兴规划》由国务院常务会议审议通过。这是继钢铁、汽车、纺织等十大产业振兴规划后出台的又一个重要产业振兴规划，标志着文化产业已经上升为国家战略性产业。为加快文化发展改革、建设社会主义文化强国，有关部门多次强调文化事业的重要性与紧迫性，并指出，为了打造社会主义文化强国，繁荣社会主义文化，要努力为文化产业的发展打造良好的社会氛围。国家统计局发布的数据显示，2016 年全国文化及相关产业增加值为 30785 亿元，比上年增长 13.0%，占国内生产总值的比重为 4.14%，比上年提高 0.17 个百分点。

《2018—2022 年中国互联网＋文化产业深度调研及投资前景预测报告》显示，2016 年，文化及相关产业 10 个行业的营业收入均保持增长，文化服务业快速增长。其中，以"互联网＋"为主要形式的文化信息传输服务业营业收入 5752 亿元，增长 30.3%，实现了两位数以上增长。据工业和信息化部信息中心目前发布的《2018 年中国泛娱乐产业白皮书》显示，2017 年我国泛娱乐核心产业产值约为 5484 亿元，同比增长 32%，在我国数字经济中的比重已超过 1/5。在文化产业大发展、大繁荣的背景下，由泛娱乐演化而来的新文创概念，已经成了文化产业发展中的亮点。创邑传媒创始人、标准排名城市研究院院长谢良兵指出，2017 年我国文化及相关产业增加值为 35462 亿元，占 GDP 比重达 4.29%，而美国是 25% 左右、日本是 20% 左右、欧洲平均在 10%—15% 之间。在他看来，中国是一个历史悠久的文明古国，但文化创意产业还有着较大的发展空间。

新文创为中国文创产业发展提供了新契机。新文创注重的是文化与科技的融合，在未来，移动互联网、大数据、云计算、人工智能、VR/AR 等都将会是新文创结合的重点。这为我国文化产业发展提供了新思路，对传统文化产业转型升级发挥出了重要作用。未来，我国的新文创产品的影响力也将会越来越大，产生更多的价值。

二、文创产业转型升级的目标

（一）实现产品和服务的消费互促

在我国经济快速发展的社会大趋势之下，国内消费市场的总体容量持续增加，个体的消费习惯与消费倾向也在这一过程中逐渐发生转变，人们的消费更加注重个性化，消费者希望自己的消费观与他人明显不同。

文创产业作为一种注重创新与差异的新型产业，在某种程度上能够符合个体消费习惯的转变，尊重和满足不同人群的差异化消费需求，促进文创产品和服务之间的同频共振。例如，岳麓书社为湖南省长沙市的古籍专业出版社，为了更好地满足人们消费的个性化需求，运用配套音视频内容、导入 VR 技术等方式，推出集立体多元阅读于一体的名家演播版四大名著。它属于关于图书的文创产品，这改变了传统图书沉闷、单调、乏味的面貌，为之赋予了更高的附加值，给出版社带来了更高的经济效益，同时更满足了消费者个性化消费的需求。总之，这是一种产品与服务的双向促进，这也成为文创产业在转型中所亟待实现的目标。

（二）实现优质文化资源的集聚

目前，国内已经成立了许多规模较大的文创园区，在文创园区中，各种各样的文化产业"百花齐放""争鲜斗艳"，这种文化产业的集聚发展具有十分积极的意义。一方面，有助于各产业互相学习，互相汲取经验，以促进自身不断完善；另一方面，有助于形成文化产业集群，集群能够形成普遍的集群效应，吸引更多游客前来，从而提升产业知名度，获得更加广阔的发展空间。不过国内仍然存在一些文创产业"落单"的情况，它们尚未实现与之文化资源的集聚，这还需要相关部门与相关产业进一步做出努力。

（三）打造优质的文创产业链

文创产业多以包含丰富文化内涵的事物为设计灵感，经过创新与加工，打造成为更具创新性的产品。这就意味着，文创产品有着充足的可塑性，它在未来有可能被打造成为任何产品，有着多元的发展方向，它可能与任何领域或产业发生联系，包括互联网、智能化等领域。所以，文创产业在进行设计与开发时，必须要以宽广的战略眼光看待这项产业，要擅长以更加积极的姿态融入"互联网＋""5G"和"工业互联网"等国家发展战略之中，在跨界融合中实现产业链的延伸和优化，在与其他关联产业的优势互补和良性互动中实现自身的快速成长。

（四）提升文创品牌影响力

品牌代表着一个产业的品质，品牌效应也往往能够对产业起到至关重要的作用，好的品牌能够有效吸引消费者，提升产品的销量，而高额销量又将反馈于产业，促进产业接下来的发展与创新。文创产业想要实现转型升级，也要在品牌上"下功夫"。目前国内的文创产品琳琅满目、不计其数，产品已经与各个领域紧密联系，人们可以在日常用品、数码产品、文化用品等多领域看到文创产品的"身影"。但是文创品牌的建设却尚有不足，许多文创产业都在"各自为战"，缺少龙头品牌。如此一来，文创产品的品质就缺少相应的保障。所以，文创产业要加强文创品牌建设，打造文创品牌集群，这不仅有利于产业积累客户，提升口碑，还有利于之后产生合理范围内的溢价，总之无论对于产业自身，还是对于消费者都具备积极作用。只有打磨出更多、更新、更具特色的文创品牌，才能促进未来的文创事业不断获得源源不断的发展动力。

第四节　国内外文创产业发展

一、国外文创产业发展

文创产业最先产生于英国，并取得了快速发展，随后逐渐席卷欧洲，时至今日，西方文创产业的发展一直在世界上处于比较领先的地位。西方文创产业能够迅速崛起，主要在于如下两方面的原因。

其一，西方国家工业革命较早完成，加快了国家工业化的步伐，随之而来的就是人们物质需求的极大满足。而物质需求得到满足之后，人们必然开始关注精神层面、文化层面的需求，他们的目标从生理层面转向心理层面，这是西方国家文创产业发展最为重要的一点社会因素。正如马斯洛所言，人的需求分为生理需求、安全需求、社交需求、尊重需求以及自我实现的需求等。文创产业正是在这样的契机之下开始"生根发芽"。

其二，19世纪60年代的反主流文化冲击带来大规模的社会运动，各式各样的亚文化、流行文化、社会思潮等都风起云涌，给传统工业社会的审美、情趣、文化认知等带来了强大的冲击。社会开始重视差异与个性的解放，并鼓励发挥个人创造力。在这样的时代背景下，欧美文化创意产业迅速崛起，以适应多元文化时代的到来。

综合以上两点因素，西方社会根据自身的文化系统，结合经济优势，为文创产业赋能，推动了文创产业的发展。

（一）英国文创产业

英国为西方各国中文创产业发展中的佼佼者，这一方面得益于英国文创产业起步时间较早，另一方面与英国政府的大力推动关系紧密。

1. 英国政府大力推动，英国公民共同参与

由于20世纪英国政府就已经十分重视文创产业的发展，导致如今的英国政府仍然"承袭"这一"传统"，如今的英国政府仍然十分关注文创行业，致力于产业扶持和推动政策。

英国政府认为，文创产品在一定程度上代表了国家的文化传统，是国家的文化符号，为其营造一个良好的、宽松的发展环境，是一项重要的发展策略。因此，英国政府在进入21世纪之后制定了较多的相关政策。例如，为文创产业提供技术性支持、财政性支持；为文创产业提供人才补给，等等。这种全方位"管家式"的支持，为英国文创产业继续保持世界领先地位提供了坚实的保障。具体来看，英国21世纪文创产业的发展可以大致分为三个阶段：

第一阶段（早期阶段），主要是市场自发行为，是一种源于个体的创造和分享。

第二阶段（中期阶段），政府设立专门机构，针对市场情况，出台政策措施，发挥推动、支持、保护作用。在产业政策和法律法规的保障下，创意产业继续壮大。

第三阶段（壮大阶段），将发展创意产业提升到增强综合国力的层面上，实施著名的"创意英国"战略。另外，英国政府号召全民共同参与其中，并出台鼓励政策，表示对支持文创产业发展的群众给予不同程度的资金奖励，希望更多的

英国居民能够为文创发展献言献策。

2. 英国政府与其他机构形成联动机制

在英国，政府认为如果与各产业和机构达成共识，形成联动机制，优势互补，协同配合，共同助力文创产业发展，一定能够取得更好的效果。于是，时任首相布莱恩提出"新英国"的设想，并组建创意产业小组，自己担任主席，表明了通过文创产业促进国家经济发展的新思路。该想法一经提出，在英国商业界、政治界引起了巨大轰动，许多业界人士纷纷表示强烈赞同与支持，在这样的背景下，英国社会中的文创企业如雨后春笋一般发展起来。

在机构方面，英国政府要求设立三级机构进行文化管理，三级机构分别有不同的侧重点，其构成与管理的内容均有所不同：一级机构是政府机构，为英国的文化和旅游部、体育部等，主要职能是为文创产业保驾护航，负责制定文化艺术、历史文物、创意产业、博物馆、图书馆等领域的相关政策。例如，相关领域总体目标的制定，产业规模的规定，等等；二级机构是非政府公共文化机构，主要是社会中的学术组织、科研机构、社会团体等，多数由相关领域的独立学者组成，代表政府实现具体的管理实务；三级机构主要是具体的接受资助和扶持的文化协会或文化组织。

总之，英国政府十分重视与其他组织和机构的关系问题，认为非政府机构能够对政策的贯彻实施起到重要的促进作用。政府要求积极主动发挥其各自能动性，共同做好文创开发工作，营造良好的发展环境。

3. 极力创建多元宽松的文化发展环境

英国政府对文创产业极为重视，为其发展制定了相关支持与鼓励政策，在政策的导向之下，从事文创产业的工作人员越来越多，逐渐形成了一个新的社会阶层，即创意阶层。创意阶层的人员均具有一定的创意思路和创新方法，为了鼓励他们在未来创造出更多具有文化价值与艺术价值的新产品，英国政府助力打造一个多元宽松的文化发展环境，为他们队伍的继续壮大保驾护航。

创意产业为创意阶层提供平台展示创意成果，创意阶层为创意产业提供源源不断的动力输出，两者相互促进，共同发展。以创造力为主要价值创造的创意阶层，具有相似的价值观，如尊重个性、崇尚开放与自由，彼此之间容易产生共鸣。英国国际化程度高，各种文化、各种肤色的人群、不同的语言交汇融合在一起，构成宽松而自由的文化氛围。

另外，英国政府通过"一臂之距"的文化管理模式，避免文化创意产业发展过程中受到不必要的政治干预，尊重艺术发展规律，充分发挥个体的创造力，最大限度地挖掘知识经济的潜力。"一臂之距"最首要的原则就是政府与文化相分离，当然这种分离并不是说政府对文化充耳不闻，而是只制定大致管理方向，而具体的事宜和安排都由文化和旅游部门自己负责。这对英国的文创产业有着深远的积极意义，主要体现在以下几方面。

第一，避免了政府部门人员因不了解文化情况，而出现"乱指挥""乱弹琴"的情况。

第二，避免了政府与文化阶层的不正当关系，避免腐败现象的发生。

第三，各部门各司其职，分管不同事务，独立履行职能，有助于提升工作效率。

第四，这减少了政府对文化领域过多的干预，有利于文化艺术的自由发展，促进文化发展与繁荣。

（二）美国文创产业

美国的文创产业虽然比英国起步略晚，但是由于美国经济十分发达，文化限制比较宽松，相关领域工作者乃至普通民众都有较强的创意性，这为文创产业的发展提供了良好的社会环境。

所以美国文创产品众多，尤其以迪士尼、好莱坞相关的产品为甚，这些产品不仅在美国国内十分受到欢迎，在海外的各种营销活动也时常是异常火爆。美国发达的、多样化的文创产业与政府的相关政策制度具有紧密的联系。

1. 美国政府注重版权

美国注重版权，从它们对文创产业的命名方式中便可得知，美国称文创产业为"版权产业"。版权产业包括核心版权产业、相互依赖性版权产业、部分性版权产业、非专门支撑性版权产业。

20世纪末期，美国的文创产业刚刚兴起，文创产品以影视类为主，多为好莱坞的周边产品，颇受欢迎。但是自文创产品发售以来，美国社会出现了较多的仿制品，有些商家看到了文创产品的商机，便开始模仿商品的外观来进行仿造，这在美国政府看来绝对无法容忍。

在美国，版权问题素来十分重要，有关部门对版权提起了高度关注，对《版权法》进行了发展与完善。政府对于文创产品版权的重视，极大地鼓舞了相关产业，这使得美国文创产业在21世纪初再次取得了重大发展。随后，美国又根据实际情况颁布了一系列与文创产品版权相关的保护性法律条文，包括《半导体芯片保护法》《电子盗版禁止法》《跨世纪数字版权法》等。如今，美国已经成为世界范围内文创产品相关法律最为完善的国家。美国政府还为其海外产品提供相应保护，为产品海外权益予以维护。

2. 美国政府尊重市场规律

与英国不同，美国政府并未特地制定政府与非政府机构协同发展的各种规定，也并未亲自组织政府性质的文创产品管控组织与单位，而是尊重市场、顺应市场。美国政府认为，市场有其运行发展的规律，任何产业在其中都要尊重规律，政府虽然能够对其进行宏观调控，但是这种调控却容易对其他产业造成不良影响，甚至对市场的正常运转造成阻碍。

所以，美国政府决定充当"守夜人"的角色，只专注于制定完善的法律法规，以及宏观层面的总体设计，不干预文创产业的发展，不阻碍其他产业的正常运行，也并未制定相应的资金补贴政策。总的来说，美国政府以尊重市场规律为准则，由文创企业与相关人员自行决定发展方案，自行处理相关问题。当然也存在例外，只有当市场中极为个别的企业规模庞大，甚至出现垄断情况时，政府才会使用反托拉斯法等限制垄断，保障行业自由发展的环境。

3. 美国提倡产业融合，跨界发展

美国高度发达的经济水平对国内的科学技术水平提升有着巨大帮助。经过多年的发展，美国各项高新产业层出不穷，这些新兴技术为美国的文创产业提供了更多的选择，以及创新发展的契机。例如，美国电影较早地使用先进的声、光、电技术，给观众以身临其境的感觉。在产业融合成为"新风尚"的当代社会，美国文创产业与其他高新产业相结合，一方面有助于文创产业的多元发展与文创产品内涵的丰富化；另一方面有助于各行业在不断融合、探索、发展的进程中找到最适合自身的产业发展路线。

（三）日本文创产业

日本文创产业的发展一直位于世界前列，其文创产品无论在数量、质量，还是影响力上都有着不俗的表现，这与日本强大的动漫产业有着紧密联系。日本素有"动漫王国"之称，作为世界上动漫产业最为发达的国家，日本有400多家动漫制作公司，大批世界顶尖级漫画大师与动画导演，以及众多集专业能力与创新能力于一身的高质量人才，这使得日本的动漫作品遍布世界各地。同时，这与日本政府对于文创产业高度重视也是分不开的。

1. 日本政府将文创产业摆在重要位置

自1996年日本确立"文化立国"的发展战略，至今已经发展了20多个年头，在这一段时期内，日本政府始终强调文创产业的重要性，始终将其摆放在国家发展的重要战略位置。可以说，日本政府始终扮演着文创领域的"推动者"

"领航者""保护者"。

在"文化立国"的统摄下，2001 年日本确定了知识产权国家战略，表示要在十年之内将日本打造成为世界知识产权第一大国，对文化相关的产业进行整体布局，对其中包含的文创产业格外重视。2003 年日本又制定了"观光立国"战略，同样强调文化领域的建设与提升，并制定了更加详细的方案，如增加文化产业的财政拨款，增加文化产业工作人员数量，加强文创产业的监督与管理等。日本政府的高度重视与一系列举措有效促进了日本文创产业的发展。

时至今日，日本的文创产品朝着更加多样化的方向发展，当然，动漫产品仍是主要力量。据统计，全球播放的动漫产品有接近六成来源于日本，而在欧洲这一比例甚至更高。可见日本的动漫产业极为发达，这成为其文创产业的重要组成部分。

2. 注重设计感

在 21 世纪，世界各国都愈发重视产品的竞争力，有学者认为产品根本的竞争力在于其品质，严把质量关才能收获最好的口碑；有学者认为产品要满足消费者的需求，满足市场才是重中之重。而在日本文创领域，人们普遍认为设计感、创意性才是文创产品最为核心的竞争力。

文创产品本就属于一种创意性产品，质量虽然也比较重要，但是选择文创产品的首要因素永远是创意二字。于是日本政府为了扶持文创产业发展，出台鼓励设计开发与加强创意培训的相关政策。事实上，相应举措早在 21 世纪初就已经开始显现。例如，2003 年日本经济产业省设置了战略性设计活用研究会，同年 6月提出"强化竞争力的 40 项提议"。

该"提议"表示，为了建立品牌设计制订支援策略，包括编撰活用设计战略成功的范例集并找出成功的原因，开办针对企业经营者说明设计重要性的研讨会，于海外开办介绍日本优良商品的展示会等；设计企划开发的支援，对于中小企业之设计师派遣事业的支持，以及设计事业的初期投资支持；设计情报基础环境的确立及整备，主要是为过去的设计信息整理、建立检索系统、设计师相关信息整理、计算机设计环境的开发；设计专利权等权利的保护的强化；培养有行动力的人才，培育范围包括设计管理人才、人因工学专业设计人才、高级经营管理人才的设计教育支持、支持设计教育机关建立智慧财产研习班、创设与 G－MARK 有关的学生竞赛；提升国民意识。以强化日本品牌为目的，于 2003 年 10月 30 日开设了日本设计与经济研究小组。为了弥补日本企业设计管理人才的不足，制订培育计划以培养专业人才。并且在日本推行促进设计交易正常化的法律制度及保护设计的法律制度等。

总之，日本极为重视文创产业的设计能力与创新能力，通过上述"提议"围绕创意设计进行了细致的说明，制定了详细的方案，促进了文创产业的发展，明显提升了文创产品的设计感。

3. 强调数字技术

伴随科学技术快速发展，数字技术已经映入人们的眼帘，许多在往常看似平淡无奇的产品中，实际已经被附加了越来越多的数字技术，这也成为一种时代的潮流。日本作为世界上科技水平较高的国家之一，更擅长将数字技术运用到各项产品中，当然在文创产品中也不例外。

为了发展文创产业，日本政府一直主张发挥强大的动漫产业优势，做好动漫周边产品的生产工作，同时为了提升竞争力，避免与其他国家产品的同质化现象，一定要利用科技优势，在文创产业上尽可能多地运用数字技术，以吸引消费者，促进行业发展。首先，日本政府鼓励培养高新技术人才。如果想持续提升科技水平，并将科技巧妙运用于产品，就要依靠技术性人才。于是日本政府支持高等教育机关的科技人才培养活动，并协助制定人才培育计划，同时，还支持设立文创相关产业的其他机关单位。其次，日本政府支持以计算机视觉设计及其相关技术的研究工作，以此来促进文创产品的多样化展现。

4. 健全法律体系

日本政府重视文创相关的法律体系的建设，这是产业能否取得长远发展的关键，更是文创产品竞争力不断提升的可靠保障。自 21 世纪初，日本相继出台了多项相关的法律法规。例如，2001 年日本国会提出《振兴文化艺术基本法》，并将《著作权法》修改为《著作权管理法》；2003 年"知识财产战略本部"先后制定《知识财产推进计划》与《e—Japan 重点计划 2003》；2004 年制定《文化产品创造、保护及活用促进基本法》；2005 年制定《知识财产推进计划 2005》，等等。以上法律对于日本文创产业的发展有着长久的促进与保障作用。

二、国内文创产业发展

我国文创产业大致在 21 世纪之后才正式进入全面发展阶段。不过由于我国历史悠久、文化丰厚，有着极为丰富的文化素材，同时社会各界也表现出对于文创产品的强烈关注，所以近年我国文创产品的发展也取得了不俗的成绩。

具体来讲，我国的文化创业产业园区建设从 20 世纪 90 年代开始起步，经过几年的发展，国内园区数量于 2002 年底增加至 48 个，主要分布在北京、上海、西安、深圳等地，可见文创园区基本都建立在经济高速发展城市或历史文化城市，经济与文化成为文创产业"生长"的关键保障点。

随着我国经济体制不断改革与完善，有关部门也更加重视产业结构的多元发展，出台了一些有助于文化发展的政策。2005年以来，国内文化创意产业园区迅猛发展，数量不断增加。全国各地大兴建设文化创意产业园区之风。

2005—2012年文创产业在我国呈现出井喷之势。据统计，2012年我国建有文创园区1400多座，涵盖文化领域的诸多方面。有些园区以文化旅游为主，有些园区以生产传统文化商品为主，各具特色，引领国内经济发展的新方向。2014年国内文创园区数量再创新高，达到2570座，2015年数量稍有下降，为2506座。其中由国家命名的文化创意产业各类相关基地、园区就已超过350个。

2019年5月29日于北京开幕的第十四届中国北京国际文化创意产业博览会上，与会专家指出，保守估计，目前各省市和国家级的产业园有3000多家，没有挂牌认证的大概在1万家以上，文创园区数量暴涨，竞争十分激烈。

近年我国文创产业园区数据表（表1-2）。

表1-2　近年我国文创产业园区数据表

年份（年）	园区数量（个）
2002	48
2005	133
2006	241
2007	335
2012	1457
2013	2406
2014	2570
2015	2506
2018	2599

在政府的积极引导下，我国文化创业产业园的数量激增至2000多个，产出的文创产品无论在数量还是种类上都明显增加。我国文化产业已经初步形成了以国家级文化产业示范园区和基地为龙头，以省市级文化产业园区和基地为骨干，以各地特色文化产业群为支点，共同推动文化产业加快发展的格局。

目前，中国文化创意产业园区主要分布在六大区域，由此形成了中国六大文化创意产业集群（图1-2）。

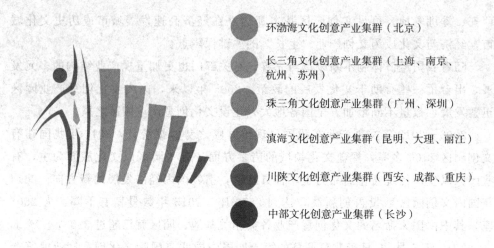

环渤海文化创意产业集群（北京）

长三角文化创意产业集群（上海、南京、杭州、苏州）

珠三角文化创意产业集群（广州、深圳）

滇海文化创意产业集群（昆明、大理、丽江）

川陕文化创意产业集群（西安、成都、重庆）

中部文化创意产业集群（长沙）

图 1-2　中国文化创意产业园六大区域

以下对部分创意产业园区的基本情况进行简要介绍。

（一）环渤海文化创意产业集群

环渤海地区，指环绕渤海全部及黄海部分沿岸地区的经济区域，主要包括北京、天津、河北，以及辽宁、山西、山东部分地区。环渤海文创产业主要集中在北京附近，对周边区域也起到了辐射的作用。

这一区域受到政府的强烈关注，有关部门也相继推出了相应举措以助力文创产业的发展。例如，北京市政府与市场协同组成合力，填补传统工业退出后留下的经济空间，形成了以北京数字娱乐示范基地和中关村创意基地为中心的多个产业集聚区。又如，天津市创意产业中心近年从事创意产业相关工作，开发出大量创意产品，积极配合政府强化导向、构筑平台、推动集聚、形成体系，有效推动了当地创意产业发展。

（二）长三角文化创意产业集群

长三角地区，指以上海、南京、无锡、常州、苏州、南通、杭州、宁波、嘉兴等城市为主的经济区。长三角文化创意产业集群主要集中在上海、杭州、南京等地。自 2004 年以来，长三角地区创意产业园区迅速崛起，一方面，政府给予了大力支持，为之出台了大量扶持性法律条文，为当地文创园区提供了可靠的政策保障与社会保障；另一方面，长三角地区经济显著发展，为文创园区提供了经济支持与技术支持。

如今，长三角地区已经形成了以上海、杭州、南京为中心的大规模创意与产业区，涵盖领域较为广泛，包括工业设计、装饰设计、广告策划、动漫科技等诸多方面。

在上海，有关部门改造、开发、利用当地的多处老工业建筑、老厂房，形成了颇具特色的工业园区，包括泰康路视觉创意设计基地、昌平路新型广告动漫影视图片生产基地、杨浦区滨江创意产业园、莫干山路春明都市工业园区、天山路上海时尚产业园等。同时，上海文创聚居区还吸纳了大批具有专业能力与创造能力的优秀创意人才，这批有梦想、敢打拼的人才在此闯出了文化创意产业发展的新路。

在南京，相关人员借鉴国内外创意产业发展的先进经验并充分分析南京当前文化资源状况和文化产业发展状态，提出重点发展和扶持建筑设计、广播影视、工艺美术、计算机软件设计、动漫游戏、广告设计、时尚设计、表演艺术、出版发行、工业设计等十大文化创意产业。为了发挥文化创意产业的集聚效应和引导其在空间上的合理分布，避免重复、分散化建设，南京提出结合老城工业旧厂房和住宅区功能改造、近代建筑保护，重点建设"一带、五片"，即石头城文化创意产业带、高新区软件园动画产业基地、江苏工业设计园、晨光文化创意产业园、幕府山国际休闲创意产业园、世界之窗创意产业园。

（三）珠三角文化创意产业集群

20 世纪后期，香港一带经济的快速发展带动了珠三角地区，当地有关部门敏锐察觉珠三角地区的发展潜力，对其提起高度重视，逐渐形成珠三角经济发展区。20 世纪 90 年代，邓小平同志南方谈话掀起了珠三角发展的新高潮，这也使得珠三角的文创产业集群得到了空前的发展。如今，珠三角文化创意产业集群已经成为我国重要的文创产业核心圈，一方面，珠三角文创产业依靠当地雄厚的经济优势，为产业增添经济保障；另一方面，珠三角文创产业大量吸收外来文化，依靠其靠近海域的优势，将大量优秀的外来文化为己所用，用以丰富文创产业的发展模式，实现了体制改革与制度改新，形成城市群文化协调发展的新局面。

珠三角文创产业区还注重大城市群文化协调发展，遵循文化发展规律，突破体制、制度和政策的障碍，开创了一条特色化的文创发展之路。例如，近年广州、深圳、珠海等城市正在探索建立动漫、多媒体和网络服务等多种形式的文化创意产业园，这便是一种重要的尝试。

（四）小结

总的来看，我国各省市的文化产业相关指数与影响力都保持持续增长，驱动力指数增长较快。其中，尤以北京、上海、江苏、浙江、山东、广东的文创产业发展指数最高，可被归为文创产业的"第一梯队"，以上省份的文创园区以特色小镇、创新体验等为主题，吸引大量游客前往游览，表现十分抢眼。同时，成都、重庆、西安等城市虽然经济水平无法与北京、上海相比，但是由于其普遍具有丰富的历史文化底蕴，在文化传承与创新领域有着明显优势，在城市文化影响力方面也有着很好的表现。

第五节　文创产业典型案例

一、国外文创产业案例

（一）日本直岛文创区

直岛是濑户内海中的一个小型岛屿，位于日本香川县高松市以北约 1.3 公里处，面积约 8000 平方米，人口约 3600 人。直岛景色秀美、气候宜人，为日本久负盛名的风景名胜区。

20 世纪末期，日本大力发展旅游业，同时受到英国影响，也开始关注文创产业的发展。1992 年，直岛建造了集美术馆与旅馆设施为一体的"贝尼思之家"（直岛当代美术馆），该美术馆与以前的场馆不同，它突破了空间的界限，掀开了"特定场所艺术"的新篇章，时至今日，该场馆已经成为直岛最为重要的标志性建筑之一。这栋建筑面积为 3643 平方米，包含大展览厅与小旅馆。

该文创区的设计者为安藤忠雄，他在设计时格外强调构成建筑的"三要素"，在他看来，建筑首要的是可靠的材料，所谓可靠的材料，也就是真材实料，只有可靠的材料才能体现出建筑的魅力。其次要正宗完全的几何形式，这种形式能够为建筑提供基础与框架，让建筑更加全面完整地展现在人的眼前。最后，要达到一种自然的状态，这里所说的自然不是放任不管，而是尽量达到一种人工化自然。

总之，直岛文创区既有自然的清新之感，又有十分浓郁的艺术文化氛围，吸引国内外艺术家前来参观，这极大地刺激了当地的文化产业与旅游产业发展。

（二）新西兰惠灵顿文创区

惠灵顿，为新西兰的政治、文化中心。惠灵顿依山傍海，景色优美，这从另一层面进一步提升了惠灵顿的开发价值。美丽的环境，开放的格局，使得惠灵顿地区全年各种赛事与活动不断。例如，当地最为著名的活动非"可穿着艺术大赛"莫属，该比赛在每年的二三月份举行，是新西兰规模最大的综合性文化艺术节，每年都有大量海内外游客前往，该活动带动当地服务业与旅游业的营业额大幅上升。

近些年，惠灵顿继续发展文化事业，凭借其得天独厚的自然条件与悠久丰富的文化资源，开创了一条依靠文创产业实现大跨步发展的新路线。惠灵顿积极扬长避短，将文化建设作为重要方略，政府为文化产业提供了相应的政治环境，有关部门出台支持与鼓励文创产业发展的政策，切实推动了当地文创产业的发展。第一，惠灵顿市政府顺势而为，在惠灵顿机场悬挂起两个重达 8 吨的电影巨鹰模型并将行李提取处的传送带装扮成霍比特人小屋风格，巧借电影元素，大打文化外宣传牌。2014 年初，惠灵顿旅游发展局首席执行官帕克斯称，自 2012 年 12 月《霍比特人：意外之旅》全球首映以来，前往惠灵顿旅游的海外游客数量增加了 7.5%，惠灵顿游客中心与该电影主题相关产品的销售额增长超过了 20 万新元，增幅达 20%；"维塔工作室"的参观人数在 2013 年达到 15 万，实现了 30% 的增长，其中 71% 为新增游客。第二，惠灵顿市积极借助市立图书馆、美术馆、博物馆等公共文化机构开展各类文化活动，同时以组建相关联盟的形式进行有效管理。

（三）德国鲁尔工业区

德国鲁尔工业区为德国著名文创产业园之一，位于德国西部。德国鲁尔工业区是德国最大的工业区，始建于 19 世纪中叶，当时恰逢第二次工业革命，为了提升生产力，改善生产状况，德国开始筹建该工业园，也因此鲁尔工业区被称为"德国的心脏"。伴随着时代发展，德国鲁尔工业区早已荒废，20 世纪 80 年代末期，当地政府开始重视该园区，并对其进行调整与改建，制定了区域发展的综合整治和复兴计划，即 IBA 计划。该计划"涉及鲁尔工业区的 500 多万人口的地域性转变，尤其是面向鲁尔工业区中部环境污染最为严重、经济最为衰败、工业建筑建设最为集中的埃姆舍区域"①。这项计划以鲁尔工业区中的埃姆舍区域作为改造的重点，同时对区域整体也有着比较宏观的把握与调控，主要内容包括：改造和重新利用德国鲁尔区的工业建筑以及荒废的园区；引入新型的文化创意产业；修复已经破坏的自然环境；解决工人的就业问题和住房问题。此外，IBA 计划还注重利用建筑博览会的方式整治德国鲁尔区中间区域的十几个城市，利用政府、市民和企业协作的方式，对城市的旧貌进行改造，从而使城市的机能得以重建。②

关于 IBA 计划，其具体的改造方式如下表所示（表 1 - 3）。

表 1 - 3 IBA 计划

改造方式	相关内容
博物馆模式	将该区域现存的废旧工业厂房全部关闭，通过整体重修规划与设计，修建成大型露天博物馆。
景观公园模式	将此地原有的煤炭钢铁工业改造成为景观公园，以废旧的工业器械作为景观构建的原材料，打造出颇具工业特色的新型园区。

① 陈健秋. 探路：东莞全面深化改革系列问题研究（三）[M]. 广州：广东人民出版社，2017：151.
② 陈健秋. 探路：东莞全面深化改革系列问题研究（三）[M]. 广州：广东人民出版社，2017：152.

改造方式	相关内容
旅游购物模式	打造超大型旅游购物平台，以满足游客购物的需要。例如，将 6000 多平方米的超大储气罐作为购物中心。
区域整体开发模式	将工业区内各种旅游点串联起来，形成一个整体性的宏观旅游聚落。
开发高新科技区	利用经济和科研之间的合作，加强区域内部产业科技化转型发展，用科技为产业创新助力。

（四）美国纽约苏荷创意产业区

美国纽约苏荷创意产业区极具现代气息，在美国乃至世界都享有一定名气，深受热衷时尚的年轻人士追捧。纽约苏荷区曾是一片被废弃的工厂区，因其留存有大量闲置物品与空闲房屋，并且租金较为低廉，而被欧洲移民至美的一些艺术家所看中，并逐渐发展为如今的重要文创区。

纽约文创园区的发展与当地政府的支持，以及纽约市的城市的开放与多元具有密不可分的关系。

其一，纽约市政府注重文化产业发展，出台法规规定非艺术家不得进驻苏荷，在纽约苏荷发展最为鼎盛之时，其中居住着全纽约三成以上的艺术家。艺术家聚集在一起，必然会迸发出大量的"艺术火花"，激发城市建构创意资本的能力，进而为其创意产业园区的发展打下基础。

其二，纽约是一个开放多元的都市，有着强大的包容力，吸收了大量外来的优秀文化人才。

于是自 20 世纪 70 年代起，纽约苏荷开启重点改造与发展的新道路。当地政府确立了保留"旧风格"，增添"新风格"的策略，要求居民可以按照自己的审美与喜好去改造建筑内部风格，但是必须要保留建筑的外部面貌，禁止任何个人或团体对建筑外貌进行改造或损坏。比如歌林街的某段路需要修缮，工人们拿着石块在地面上反复地敲打，磨平石头的棱角，使路面重铺之后仍然有着原始工业时代的外貌。[①]

至 1982 年，苏荷区的画廊逾千，艺术家逾万，"新美术馆"及世界顶级现代艺术馆"哥根汉姆下城分馆"先后落成，书肆、餐馆、咖啡屋、时装店生意兴隆，一派文化气象，不少街道还保留着 19 世纪的鹅卵石地面，与时尚前卫的气息二者相映成趣。如今，纽约苏荷文创园区由于租金上涨，店铺过多，有些人已经"转移阵地"，大批画廊迁移至中城二十街一带的查尔斯区，不过苏荷仍然是可与北京 798 比肩的重点文创园区，展现着其丰富的文化气息。

---

① 陈健秋. 探路：东莞全面深化改革系列问题研究（三）[M]. 广州：广东人民出版社，2017：153.

（五）英国泰晤士河岸艺术区

泰晤士河岸艺术区位于英国泰晤士河北岸，占地 11 公顷，曾为化工厂、染色厂、军备工厂集群，随着 20 世纪中后期英国传统工业逐渐走向没落，这些工厂也被荒废。在很长的一段时期内，这里只遗留下废弃建筑、污水等，直到 20 世纪 70 年代，当地政府开始着重治理这一区域。

1970 年，伦敦市政府决定将这一块区域作为泰晤士河两岸的防洪工地。1978 年，政府决定与企业合作，开展"合作区"工程，共同打造一个饱含传统工业建筑与创新元素的文创艺术区。1989 年，伦敦市码头区投资 80 亿英镑用于泰晤士河岸艺术区的建设，这使得该区域在短短数十年时间内取得了重大改观，曾经的旧面貌焕然一新。

到 20 世纪末，该区域绝大多数旧厂房被拆除，具有价值的厂房被完整保留，并且整个区域还建设了轻轨 15.7 公里，方便了城际之间的交流与往来。21 世纪初，泰晤士河岸已经以标志性建筑物以及艺术文化而闻名于世，自南向北，整个泰晤士河岸沿线分布泰德现代艺术中心、千禧桥、河岸广场、OXO 设计商店群以及摩天轮等建筑。

这些建筑和不同历史时期、不同风貌特征的地标性建筑物，琳琅满目的工作室、餐厅、酒吧、咖啡屋、影院等交相辉映，使得整个泰晤士河岸地区文化呈现出多元化发展特征。

总之，整个泰晤士河岸艺术区的形成过程大约持续半个世纪，涉及滨河景观改造、标志物建筑、外部公共环境营造、旧工业建筑保护等。政府相关政策、社区自我更新、新旧元素和谐共存等都值得各个地区的工业改造学习与研究。

如今，随着国际经济形势的好转和英国经济的整体复苏，泰晤士河岸艺术区重新成为英国社会开发的热点地区之一。在经过现代艺术元素的注入后，整个艺术区走上了文化复兴道路，其繁荣的文化每年都吸引着来自全世界的大量游客。

二、国内文创产业案例

（一）北京朝阳文创区

我国的文创产业起步较晚，发展时间较短，起步初期尚未得到重视，民众对其关注度也不高，导致我国目前文创产业园区的发展水平普遍落后于英法等国。不过，在我国的众多文创区中，却有着这样一所园区，它特立独行、与众不同，堪称中国文创产业的代表，它就是北京朝阳文创区。

北京市作为中国的首都，一直都是经济、政治、文化的中心，各种文化在此交汇，社会中存在多元文化氛围；加之近年政府对于文化的重视程度不断提高，北京市当仁不让地成为我国文化事业最为发达的地区。而朝阳区是北京重要的外事活动区，对外交流与互动十分频繁，所以该城区所接受的外来文化、创新文化十分丰富，朝阳文创园则成为我国文创产业发展最为先进的区域之一。

北京朝阳文创园并非单一的园区，而是一个统称，它包含许多风格各异的特色园区。据统计，截至 2018 年底，朝阳区已经有 84 家特色文创产业园投入运营；截至 2019 年底，朝阳区注册文化企业达到 80698 家，文化产业实现收入829.6 亿元。在北京文化创意产业园区首批 33 家的名单中，朝阳 10 家产业园区上榜。如下图（图 1 - 3）。

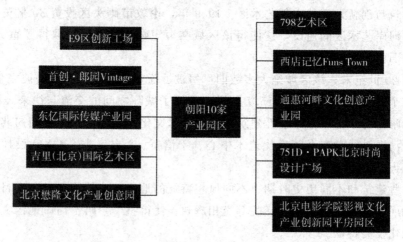

图 1 - 3　朝阳 10 家上榜产业园区

以上 10 家园区为朝阳区文创产业的代表，可谓各具特色，其中，751D·PARK 北京时尚设计广场、798 艺术区等是在保护老旧厂房的基础上，加以改造与利用，而形成的厂房式园区；首创·郎园 Vintage、东亿国际传媒产业园与以上几家园区不同，它们另辟蹊径，打造出别具新意的创意书店、创意剧场等文化场所与公共空间，给人们提供了感受文化与艺术的"宝地"。

1. 798 艺术区

798 艺术区，位于北京市朝阳区，前身为苏联与德国联合设计与建造的大型重点工业项目 718 联合厂。该厂于 20 世纪 50 年代开始筹划建造，1964 年 4 月被拆分成多个分厂，如今的 798 艺术区就是这些分厂中的"一员"。进入 21 世纪，由于政府对于文化产业的重视程度不断提升，社会群众对于文化领域与精神层面的追求明显增多，798 艺术区便应运而生。自 2002 年开始，许多艺术家在此开办工作室，在溢出效应的影响下，798 艺术区的文化产业数量陡增，种类颇多，如今已经形成了一个比较庞大的艺术群落。

798 艺术区总面积 60 多万平方米，大致可分为 6 个片区，其中 798 路两侧的

D区和E区文化机构最集中。该区设计具有典型生产性规划布局的特点。例如，路网清晰，厂、院空间清晰；部分厂区建筑作为工业遗产完整地保留下来，等等。艺术区内的主要景点包括尤伦斯当代艺术中心、北京蜂巢剧场、亚洲艺术中心、佩斯北京、火车头广场、动力广场等。

2. E9区创新工场

E9区创新工场，是世界上首个以乳品厂为基础，经过改造与扩建而成的创新产业集聚区。

E9区创新工场本为三元双桥乳品厂，20世纪80年代，这里已经开始有大量的乳制品投入生产，厂区内拥有多个生产车间，可以进行一系列乳品的生产与包装工作。可以说20世纪80年代至90年代，北京居民所饮用的许多牛奶都出自这里。2012年，乳品厂迁往大兴瀛海工业园。在2012年到2014年期间，原来热闹的厂区安静下来，荒废的园区里草长到了一人多高。

自2014年开始，在相关政策的辐射与有关部门措施的带动下，该区域有了新的发展方向，原来的乳品厂摇身一变，开始筹建转型为如今的创新工场。经过将近3年的时间，2017年年底E9区创新工场已经完成了一期改造，并开始进入试运营阶段。截至2019年3月，园区一期项目入驻企业80余家，其中还有3家是独角兽企业，文化科技企业占比超过85%。

3. 西店记忆 Funs Town

该园区曾为一个琉璃厂的库房，在工厂停办之后，荒废了一段时间，并且有火车从附近经过，更为该旧址增加了荒凉的氛围。而随着文创产业的发展，一些具有创意思想的企业家发现了这里的商机，决心依靠曾经保留的部分厂房，加以创新与维护，重建一座文创小镇，于是西店记忆便诞生了。整个小镇分ABC－1期和DEF－2期，中间由火车道隔开，入驻小镇的店铺商家并不多，但每家都特色鲜明，其中有不少还是网红店。例如，有一家名为"可可爱爱"的咖啡馆，无论大门、桌椅、展示窗都是圆角设计，门外还有一棵仿真仙人掌，就像沙漠中的洞穴小屋。

4. 首创·郎园 Vintage

首创·郎园 Vintage 位于北京电视台新址东侧，地处CBD核心区域，于2011年改造完成并投入使用，其优越的地理位置，与周边的经济产业形成协同辐射效应，有效促进了该园区的发展。短短十余年的时间，该园区就一跃成为北京朝阳重点文创产业园，吸引了大量企业入驻，包括凤凰网、CCTV记者站、果壳网等国内外70多家文化创意产业知名企业。

5.751D·PARK 北京时尚设计广场

751D·PARK 北京时尚设计广场（以下简称 751）是在原 751 厂的旧址上，经过重新设计与筹划建造而成的文创园区。751 厂曾为北京市煤气行业三大气源之一，后来随着相关政策的下发，煤气产业逐渐缩减，该厂的生产活动也在 2003 年被叫停。不过，由于 751 厂规模较大，停止生产后留存了大量的空地与厂房，该厂利用厂房资源优势，结合北京市政府决心大力发展文化创意产业的契机，建成了北京时尚设计广场。

（二）上海 M50 创意园

上海 M50 创意园（以下简称 M50），位于上海市普陀区莫干山路，其前身为上海春明粗纺厂。21 世纪初，上海春明粗纺厂停工并对该处进行转型发展，此为 M50 创意园的雏形。经过十余年的发展，2011 年此处正式更名为上海 M50 文化创意产业发展有限公司，公司占地约 36 亩，以创新理念指导各项工作，充分利用园区资源聚集的能力汇集了诸多资源。

近年，M50 创意园先后引进了 20 个国家和地区的 140 余户艺术家工作室、画廊、高等艺术教育以及各类文化创意机构，目前拥有香格纳、华府艺术、迈纳迈图文、吉品堂、上海大学 99 艺术中心、复旦大学美术学院、半度雨棚等优质客户。在入驻企业的选择上，M50 始终遵循园区定位，有针对性地引进在文化创意领域内有影响力的机构。这些机构的入驻营造了苏州河畔浓厚的艺术创意气息，吸引了众多国内外的收藏家、媒体、知名人士、艺术爱好者、市民和游客。

表 1－4 M50 重要事件年表

年份（年）	事件
2001	艺术家薛松工作室进驻。
2002	艺术家丁乙、张恩利等人进驻。
2003	比利时皇后莅临园区。
2004	《TIME》杂志亚洲版将 M50 列为推荐前往的上海文化地标之一。
2005	市经信委正式挂牌 M50 创意园。
2006	被评为上海十大时尚坐标最高人气奖。
2007	荣获中国最具品牌价值园区称号。
2008	推出首部商业话剧《浮生记》，以及年度主题曲《浮生若梦》。
2009	开展 "2009 旅游景区导游员资格培训" 等各项培训等项目。
2016	举办 "洗牌" 2016 青年艺术项目；举办 "乐开花" 长脸和赵牧阳转媒体艺术展；举办 "桃花岛" 吴晓申作品展，等等。

续　表

年份（年）	事件
2019	举办 2019 艺术季暨 UNFOLD 艺术书展。

（三）成都东郊记忆

东郊记忆，是四川省成都市的著名文创园区，集多种元素于一体，有音乐、戏剧、摄影等各种文化形态，深受各界人士的喜爱，被誉为"中国的伦敦西区"，足见其在人们心中的重要地位。

1. 东郊记忆发展历程

东郊记忆的前身是始建于 20 世纪 50 年代的成都国营红光电子管厂，该厂为"一五计划"时期的重点项目之一。经过几十年的岁月变迁，曾经的电子管厂早已荒废，取而代之的是一个全新的文创艺术圣地。进入 21 世纪，随着我国对于文化与创新的高度重视，这一片废弃的工厂逐渐映入人们的眼帘，成都市政府看到了这一区域的发展前景，开始计划利用旧址遗存结合部分创新设备，打造出一个新型的音乐主题文创基地。

2009 年 5 月，成都传媒集团与中国移动通信四川有限公司签约，中国移动无线音乐基地确认入驻成都东区音乐公园。2011 年 1 月，东区音乐公园改造工程开始施工，为完整保留计划经济时代工业建筑的特色，同时把各种构造复杂的厂房改造为商业用建筑，项目聘请了国内知名设计师刘家琨做项目总设计师，并汇集了国内知名建筑师对园区内部分单体建筑进行专项设计。同年 9 月 29 日，"成都东区音乐公园"正式开园运营。

2012 年 11 月 1 日，"成都东区音乐公园"正式更名为"东郊记忆"。2015 年 11 月，东郊记忆·互联网创意产业园正式开园。2019 年 7 月，东郊记忆正式挂牌"成都国际时尚产业园"。

表 1-5　近年东郊记忆所举办的重要活动

日期	活动
2012 年 8 月 13 日	华语咪咕榜中榜励志金曲·成都盛典。
2013 年 5 月 21 日	第 26 届中国戏曲梅花奖颁奖典礼。
2014 年 5 月 31 日至 6 月 2 日	2014 首届西部（成都）儿童艺术节。
2015 年 12 月 7 日	2015 米兰时装周中国行。
2016 年 2 月 8 日至 2 月 15 日	HEART PANDA 大熊猫公共艺术展。
2017 年 11 月 7 日	香奈儿 2018 早春度假系列发布会。
2018 年 9 月 19 日	"青春无敌"小米 8 系列新品发布会。

日期	活动
2019 年 8 月 20 日	巡演世界经典原版音乐剧《猫》。
2020 年 1 月 4 日至 1 月 5 日	巡演俄罗斯芭蕾舞剧《天鹅湖》。

2. 东郊记忆主要景点

东郊记忆景点众多，集中体现了老成都地区的诸多文化创意灵感，主要有工业文化广场、东郊记忆馆、星光墙、成都舞台、火车头广场、"熊猫与世界"主题广场等。

（1）工业文化广场

工业文化广场主要展陈了成都东郊工业区各工厂生产的产品及使用的车床等，其中 B43 测高雷达是由原国营锦江电机厂生产的我国第一部测高雷达，曾大量装备部队，在击落美制 U－2、P－2V 侦察机的战斗中屡建奇功，为我国国防军工事业的发展贡献力量。如今，这些曾经的"空中英雄"静静停放在园区，记录了那一段峥嵘岁月，结合现代的灯光设备，吸引众多游客前往观赏，人们既能够从中感悟曾经的历史，又能够从中发现一定的创意性。

（2）东郊记忆馆

东郊记忆馆是东郊记忆重点打造的小型科技博物馆，运用实物陈列、艺术装置、科技互动等方式还原了成都老东郊工业基地的原貌。它以真实的东郊工业区发展史为脉络，以现代化科技为手段，全面再现了 20 世纪成都东郊的辉煌与沧桑。展馆总面积约 1300 平方米，共有 6 个展区，分别为序厅、东郊起源区、东郊盛景区、激情生产区、时代科技区与激情岁月区。

（3）星光墙

星光墙是由 2011 年 4 月 15 日在成都举办的"第十五届全球华语榜中榜暨亚洲影响力大典"的众多明星为东郊记忆留下的珍贵手印以及随后到访东郊记忆的各界明星、名人的手印组成。

（4）成都舞台

成都舞台，东郊记忆的标志性场地，可同时容纳 3000 名现场观众，舞台周围的商业配套汇聚了国内外各类现场音乐演出资源。

（5）火车头广场

火车头广场保留了原国营红光电子管厂铁路轨道，标号为"1519"的火车头是四川省境内第一批蒸汽式火车头，搭配绿皮车厢，现在是以火车为主题的咖啡文化体验中心。

（6）"熊猫与世界"主题广场

"熊猫与世界"主题广场是东郊记忆联合 gogo pandart 共同打造的园区艺术文化景观之一，展陈了 13 只曾参与全球文化交流的艺术熊猫形象，每一只熊猫都独具文化特色。

（四）青岛创意 100 文化产业园

青岛创意 100 文化产业园位于青岛市市南区南京路 100 号，是在青岛刺绣厂的老旧厂房基础上，加以改造与扩建而成的山东省内首家文化创意产业园区。自 2006 年以来，青岛当地有关部门意识到该厂房的重要历史价值与文化价值，开始对其进行整改，经过十几年的发展，创意 100 文化产业园区已经实现了华丽的蜕变。

如今，创意 100 文化产业园仍然在坚守，特别是在当前"互联网＋"和"全民创业"浪潮奔涌之下，园区依旧坚守产业发展的正确方向，坚守产业生态的建设与完善，坚守增值化服务对产业集群的塑造与引领。在历经品牌创立、品牌成长、品牌培育等几个阶段后，至今，园区已经带动就业人数达近万人，并先后获得"全国重点版权示范园区""山东省文化企业 30 强""山东十大文化产业园区"等荣誉称号。

漫步创意 100 文化产业园区，可以发现改造后的园区充满着灰色怀旧格调，虽然颜色质朴平淡，但是却不失高雅质感，颇具设计感的 U 形道路，透明的落地式玻璃，错落有致的小路，以及个性化的建筑风格，无不彰显着高超的设计水平。

如今，园区入驻的文创相关企业已经有 130 余家，青年创业类企业的比例高达 95％以上，每年孵化大量优质创业项目，这进一步促进了该产业园的发展。时至 2021 年，当年产业园的产值已经超过 10 亿元，其中主导产业占总产值的 75％以上。其中不仅拥有"蓝飞互娱科技股份有限公司""中创未来文化传播有限公司""天弈数字营销集团"等一批实力雄厚的总部企业和上市公司，同时也拥有"时光印记""活字印刷体验馆""赞一油画博物馆""不是书店""新清大学堂"等一批业界知名的产业中坚力量，更有"麦田机器人俱乐部""圆朴手艺工作室""爱智作匠创空间""来来皮艺工作室""青岛珐琅表业有限公司"等众多体现创新要素与工匠精神的活跃型中小微创业机构，形成了层次分明、专业突出、内外结合的"双创"生态苗圃格局。

（五）沈阳 1905 文化创意园

城市的魅力源自底蕴，而对沈阳来说，工业历史的厚重为整座城市注入了与众不同的基因，也使得沈阳成为一座"特殊"的城市。沈阳 1905 文化创意园（以下简称沈阳 1905）为辽宁省沈阳市重要的文创园区之一，作为沈阳重要地标，该园区坐落于沈阳市铁西区，园区会不定期召集一些艺术界和文化界人士，共同举办文化活动，包括各种高端的艺术表演等。

沈阳 1905 的原型为始建于 1937 年的北方重工沈重集团的二金工车间，在 20 世纪上半叶，该车间对于我国工业发展乃至军备力量补充发挥了重要作用。随着时代发展，科学技术不断进步，工厂逐渐荒废。后来当地有关部门发现这一旧址具有一定的改建意义，于是沈阳 1905 "摇身一变"成为一所重要的创意园，吸引各地游客前来观赏。

沈阳 1905 文化底蕴深厚，这为其文化产业的发展提供了丰富而充实的"养料"。在设计过程中，设计者要求保留原有建筑的基本风格，保留了废车间原建筑的设计风格和主体结构，只是在此基础上进行细微调整，一方面是为了尽可能保留那些"原汁原味"的民国时期建筑，从而更好地展现近代建筑艺术风格；另一方面这种老旧建筑与新鲜创意之间的"碰撞"也更能够提升游客的观赏体验。该园区最早占地仅为 4000 平方米，共两层，而经扩建增至 10000 平方米，园区内品牌众多，风格各异，展现了沈阳地区文化与潮流的发展方向。一楼多为各色小摊位，售卖各种各样颇具创意的产品，如手工香皂、各色香料、绘画作品、泥塑作品、特色服饰、小摆件等。二楼则是个体工作室，这些工作室屋子不大却装饰精致，屋内装修风格迥异。工作室多由年轻人所创办，他们怀揣梦想，希望以自己独特的设计灵感，制作出受到广大顾客欢迎的文化产品。

（六）唐山滦南北河水城文化产业园区

唐山滦南北河水城文化产业园区以项目建设、招商引资、园区管理为工作重点，着力弘扬求真务实、奋发图强的工作主旋律，推动新区建设管理实现了较大发展。各项工作均取得了可喜成绩。北河公园被河北省住建厅评定为四星级公园。北河公园管理处先后被授予"滦南县文明单位"等荣誉称号。

2016 年以来，在这里已经实施重点项目 16 个，完成固定资产投资 5.4 亿元。鸿泰御景园项目顺利进场，有 8 栋楼盘开工建设。福海大街、仁河大街、金江路及水系连接段；新一中二期、冀东民俗园、北苑华府、文化广场等项目前期工作积极推进，完成征地清点等工作。金水街、泽平庄园、规划展馆等续建项目均有不同程度的进展，有效拓展了县域经济发展空间，促进了县域经济发展。

新增招商项目 8 个，其中智加乐儿童城、皮影文化产业园、文化广场 3 个项目取得实质性进展。以北河水城文化发展有限公司名义，争取省文化产业引导资金 200 万元。先后落实北河公园亮化维修，北河水质治理、增殖放流等各项工作，加强了北河公园设施和绿地维护。推进北河公园申报河北省五星级公园工作。加强旅游公司、文化公司运营管理，积极拓展经营创收渠道。同时，支持了蓝色港湾商业街区招商，组织北河文化庙会、环北河自行车赛、家居文化节等文化活动，为园区产业聚集增添了人气。开展文化产业调查、座谈活动，筹备组建滦南县文化产业商会，引导文化产业向北河新区聚集。北河水城文化观光产业带，投资100亿元，是一项系统工程。它体现了科学发展、融合发展、协调发展的理念，塑造了"碧水蓝天、生态园林"的滨河城市景观风貌，成为环渤海经济圈和京津冀都市圈的休闲"后花园"。规划占地1200亩，其中水域面积达700亩。北河水城文化观光产业带的特色项目，有元代风情街、蓝色港湾、生态园林、北河公园、夷齐岛、天鹅湖、胡家坡原生态旅游农庄、滦河故道生态观光园等。

随着县域现代农业的发展，农业和旅游业有机融合已成为一种发展趋势。目前，已形成了以县城为中心，距离县城半径10公里范围内的唐山弘亚有机农业园、国营林场、杰地丰华农庄、华以生态农庄、DPO农庄、千亩草莓园、滦兴生态葡萄农庄、越秀大樱桃采摘园等近15000亩的环城农业观光旅游区。

弘亚有机农业园是旅游区中的核心园区，是河北省五星级休闲农业采摘园、唐山市农业产业化龙头企业、唐山市乡村旅游示范点。园区占地1150亩，以绿色健康食品为总核心，主要种植有机草莓、油柿子、葡萄、蓝莓等有机水果以及冰草、尖椒、菠菜等有机蔬菜。园区建有高标准大棚57个，设有弘亚餐厅、弘亚和居、荷趣园、牡丹园、孔雀园、水上游乐园、垂钓园、骑马场等各项休闲设施，是一座集休闲度假、采摘观光为一体的农业旅游休闲观光园。

（七）徽州文化艺术长廊

徽州文化艺术长廊是黄山市委、市政府共同确定的重要项目，是致力打造文化精品产业的重要尝试，总体要求要符合"诗画徽州、梦幻黄山"的意境。

徽州自古便是富庶之地，文人才子辈出，时至今日留存于当地的诸多徽派建筑与传统文化元素，这些都为文化项目建设和文化产业发展提供了充实的文化保障。徽州文化艺术长廊位于安徽省黄山市黄山机场大道附近，规划用地面积为2700亩，包括3大板块6个组团26个项目。以徽州文化的传承体验、聚集展示和创意利用为主线，按照"文化＋旅游＋社区"的游居一体化经营模式，形成以传统文化生产展销、现代文化创意设计、观光游览参与体验、休闲娱乐度假居住的文化产业体系，建成可观赏、感受、学习、消费、体验的文化旅游综合体。徽州文化艺术长廊将通过雕塑、园林、建筑、展演等各类艺术表现手法，系统地表现徽州记忆、天下徽商、诗意徽州、梦幻徽州等主题意境，让徽商文化、徽菜文化、徽州艺术、徽派建筑、徽州园林、徽州哲学、徽州戏曲、徽州宗族、徽州教育、新安医学等徽州文化得到充分彰显和创新利用。

（八）开封宋都古城文化产业园区

开封是七朝古都，是中国八大古都之一，历史悠久，文化灿烂，城市格局形成早。特别是北宋时期的东京城，"八荒争辏，万国咸通"，是中国政治、经济、军事、科技和文化中心，是当时世界上最繁华的国际大都市。

一千多年来，开封城市格局和中轴线始终未变，宋都古城风貌保存至今。开封是"国家历史文化名城""中国优秀旅游城市""中国书法名城"，还是河南省的园林城、卫生城、文明城。

2008年，开封市委、市政府把这座历史文化名城设立为开封宋都古城文化产业园区。园区的规划范围是14.4公里长的古城墙以内全部区域和古城外的清明上河城影视产业基地和区域生态休闲度假区、城摞城大宋文化博物馆体验展示区、开封市朱仙镇国家文化生态旅游示范区。

园区内宋文化内容丰富多彩，拥有丰富的宋代历史遗存（表1-6）。

表1-6　园区宋代文物遗存

国家级文物保护单位	铁塔、北宋东京城遗址、繁塔等。
省级文物保护单位	相国寺、禹王台、宗公祠等。
市级文物保护单位	挑筋教碑、古州桥遗址、孟子游梁祠、午门石狮、一赐乐业教清真寺旧址等。
地下历史遗址	新郑门遗址、古州桥遗址、汴河故道遗址等。

园区馆藏珍贵宋代文物650件，还有各个历史时期的文化遗存，如开封城墙、山陕甘会馆、刘青霞故居、延庆观、河南留学欧美预备学校旧址、开封东大寺、龙亭等，总量达837处。宋代历史文化名人众多，在国内外有重大影响的历史文化名人达4500余人。特别是宋代，名人荟萃，灿若群星，如开国皇帝赵匡胤、清正廉明的包青天、满门忠烈的杨家将、图强变法的王安石，还有柳永、苏轼、寇准、范仲淹、欧阳修、向敏中、张择端、李清照等。

园区的非物质文化遗产资源总量涵盖14类80项，其中，国家级8项，省级23项，市级49项。国家级非物质文化遗产项目朱仙镇木版年画、汴绣、汴京灯笼张、开封盘鼓等，起源于北宋时期的开封并传承至今。具有宋特色的民间文化产品种类多达326种，如：汴梁根雕、开封菊花、滕派蝶画、绘画葫芦、捏面人、吹糖人等。

园区内手工艺和民间艺术彰显宋文化的绚丽多彩，这里有汴绣、北宋官瓷、朱仙镇木版画、金银饰品工艺品、书画艺术类工艺品等。社会文化和艺术表演团体众多，民俗活动场所263处，古民居民间建筑近1.9万处，民俗展示311种，民间表演艺术团体中戏剧类113个、曲艺类122个、杂技魔术类60个、音乐舞蹈类132个、武术类115个，重大节庆活动14个。有各级书法家协会会员数千人，其中，中国书法家协会会员121人，居全国第一。

园区的文化旅游资源丰富、宋韵独特，是具有宋韵特点的休闲娱乐旅游胜地，景在城中、城在景中、城景交融。4A 级、国家重点文物保护景区景点众多，宋文化特色突出。菊花培植历史悠久，加之完整的古城格局和纵横交错的"五湖四河"，形成了宋都、菊香、水城、食乡四大旅游品牌。

（九）首钢中国动漫游戏城

位于首钢二通厂的中国动漫游戏城，被建设成为集动漫创作、生产、交易于一体的国家级重点文化产业示范园区。走在首钢中国动漫游戏城园区内，纵横交错的铁轨向过往的游人娓娓述说着曾经的"铁色记忆"，主干道两边的草坪中，散落静置着几台老式的刨、铣机床，不远处的铁轨上，一台容积为 260 吨的鱼雷罐车，将人们的记忆带回到那个激情燃烧的钢铁年代。一台高 7 米、宽 11 米的 LED 显示屏正在滚动播放着反映首钢 90 余年历史，特别是搬迁调整以来所取得的成就和首钢二通厂的历史纪录片。

100 余家动漫游戏参展企业分布在巨大的工业厂房中。展区内，风靡全球的"愤怒的小鸟""植物大战僵尸""水果忍者"三大游戏最为抢眼，能够让这三款游戏同时参加动漫游戏展会，这在国内还是第一次。这个满载着工业时代生产记忆的大厂房内，游戏互动、二维幻境、动漫小镇、星星工坊……音乐、时尚、激情一幕幕上演。漫迷们可以在这里尽情地狂欢，同时感受到大工业时代热火朝天的工作场景。

（十）台北华山 1914 创意文化园区

台北华山 1914 创意文化园区（以下简称华山 1914）是我国规模较大、历史较为悠久的文创园区之一。园区曾为台湾最大的制酒工厂之一，在 20 世纪上半叶一度开启台北酒工厂的"黄金时代"。1987 年 4 月 1 日，随着酒厂的搬迁，这里作为酒厂的历史宣告结束，并至此开始了长达十年的闲置过程。直至 1997 年，该废旧厂址引起了当地有关部门的关注，并决定在这时文创产业发展的势头中促进其转型发展，于是 1999 年，台北酒厂正式更名为"华山艺文特区"。

2002 年，台湾"行政院"文化建设委员会对华山艺文特区进行旧空间活化再利用，将其调整为创意文化园区。经过全面闭园整修，2005 年底结合旧厂区及公园区的华山 1914 创意文化园区重新开放，供艺文界及附近社区居民使用至今。2006 年，华山 1914 正式定位为推动台湾文化创意产业发展的旗舰基地。2007 年 12 月，台湾文创发展股份有限公司取得了园区 25 年的经营管理权。如今，华山 1914 已然成为当地的重要文化地标，聚集了许多文创公司与艺术界人士。园区包含户外艺文空间及室内展演空间，可提供举办创意市集、音乐会、讲座等活动；也设有各具特色的美味餐厅，满足民众的饮食需求。

总的来讲，我国经过 20 多年的发展，国内已经有能够"独当一面"的文创园区，它们屹立于祖国的各大中型城市之中，为文创产业的进一步发展与文创产品的创新研发提供有力支持。

国内重点创意园区如图（图1-4）。

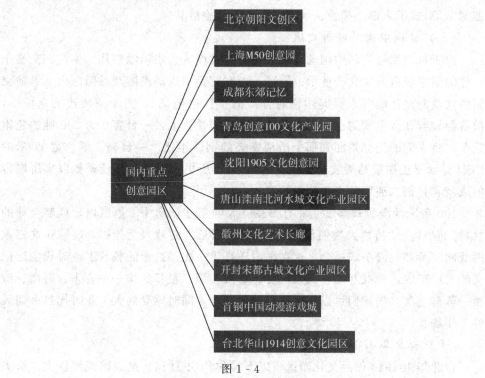

图1-4

第二章　文创产品的相关概念

第一节　文　化

一、文化的定义与内容

文创产品是以文化为其内在本质与基本属性的新型产品，任何文创产品都与文化有着紧密的联系。所以在研究文创产品的相关内容之前，先要对文化进行分析。

（一）文化的定义

"文化"并非现代才出现的字眼，此二字古已有之。《易经》有云："刚柔交错，天文也；文明以止，人文也。观乎天文，以察时变；观乎人文，以化成天下。"此为"文化"二字在我国历史上的首次出现，其中对于文化的含义做出了基本的界定，即"观乎人文，以化成天下"，意为观察前人诗书礼乐的文明积淀，可以用来移风易俗而推行教化于天下百姓。此为"文化"起初的含义，但要注意的是，这时的"文化"与我们如今运用的文化二字所表达的含义却不尽相同。

当代社会，"文化"一词广泛出现于我们的日常生活之中，但是谈及文化的本质是什么，文化的定义是什么，人们口中却又有着不同的答案。在学术界，无论是文化学领域还是其他学科，学者们都对文化有着广泛的研究，从不同的出发点对文化进行了不同程度的分析与研究，并对其下定义。

美国著名学者泰勒曾在其著作《原始文化》中对文化下定义为："文化或文明，就其广泛的民族学意义来说，是包括全部的知识、信仰、艺术、道德、法律、风俗，以及作为社会成员的人所掌握和接受的任何其他的才能和习惯的复合体。"在泰勒这里，将文化与文明二词同等看待，他认为无论是文化还是文明，都包括了人类社会所创造的一切内容。泰勒有关文化的定义对于后世影响颇深，许多学者在研究文化时，都或多或少受到泰勒的影响。

英国学者马林诺夫斯基认为，文化是对传统的器物、货品、技术、思想、习惯及价值而言的。

美国学者克拉克洪则认为，文化是某个人类群体独特的生活方式，既包含显性式样又包含隐性式样，它具有为整个群体共享的倾向，或是在一定时期中为群体的特定部分所共享。

法国学者维克多·埃尔则认为，文化就是对人进行智力、美学和道德方面的培养，文化并不包括行为、物质创造和制度的总和。

此外，还有许多学者关于文化都有着自己独到的见解，如美国学者沙因、荷兰学者皮尔森等。随着时代的发展，学者们关于文化的认知愈发全面，目前学界关于文化的定义以如下几种认可度较高：

第一种，认为人类自产生至今，所创造和实践的全部成果都属于文化的内容；第二种，认为文化是一种其他生物所不具备、人类特有的能力；第三种，认为文化是人类的思维活动。

笔者认为，不同学者关于文化的定义都有其可取之处，但是文化毕竟伴随人类社会产生，并且在不断发展演变过程中，永远无法离开人化的社会，所以文化必然蕴含于人类社会的各个方面、各个领域。简单来说，文化应当是人类社会一切的精神财富与物质财富的总和。

（二）文化的内容

文化主要包含三个方面的内容，分别为物质文化、精神文化、制度文化。物质文化是人类所创造的一切物质文明，包括各种实体物质，如服装、建筑、工具等；精神文化是人类社会存在的宗教、信仰、学术、道德、习惯等；制度文化是社会中的各种制度，如生活制度、家庭制度等。

1. 物质文化

物质文化，与非物质文化相对而言，是人们为了满足基本的生存需求，并在此基础上有更高需求，在长期发展过程中创造的各种物质性文化的总和。物质文化是经过人类改造的自然环境和由人创造出来的一切物品，包括饮食、服饰、建筑、交通、水坝、公园等，在它们上面凝聚着人的观念、需求和能力。

2. 精神文化

精神文化，是人类在社会中从事一切活动时，所特有的意识形态，是人类所有观念、意识、思想的综合。精神文化是一个不断发展与变化的过程，从古至今，无数哲人先贤的思想都散发着耀眼的光芒，他们的思想都成为精神文化宝库的重要组成部分。精神文化是人的精神食粮，孕育人的精神家园，决定人的精神状态、精神生活、精神本质，总之，其对于人类社会的发展与进步的推动作用非同小可。

3. 制度文化

制度文化，是人类为了使社会的运转更加规范化，而制定出来的庞大规范体系，一般包括行政管理制度、考核评价制度、福利保障制度、人才培养制度、企业竞争制度等。

二、文化的类别与特点

在不同的分类标准之下，文化可被划分为不同的类别，接下来对文化的类别进行简要论述。

（一）文化的类别

根据文化影响的不同人群与不同范围，可以将文化划分为大众文化、精英文化、主流文化。大众文化，是人民群众日常生活相关的文化体系，它直接与人们的生活发生着联系，反映着人们的实际生活状态。精英文化，是人类理性的集中体现，具有比较强的超越性，是人类自觉进行创造与反思活动的结果。主流文化，是由政府所支持、鼓励、倡导的文化。在任何国家中，主流文化一直居于文化层的主导地位，指引着普通大众的思维导向。

根据文化所蕴含理性与科学的程度和层次，可以将文化划分为科学文化、人文文化。科学文化，是以理性、求实、求真、严谨等观念为主导而逐渐形成的文化体系，这种文化的主旨与核心在于，以科学的视角和手法去认知世界、分析世界、改造世界，要排除主观意志与情感情绪的干扰。人文文化，是以人文社会为指向，依靠道德宗教、文学艺术、哲学、历史等学科知识而形成的文化体系。人文文化能够影响人群的内在情感与价值倾向，对于社会具有明显的引领与导向的作用，主要内容在于体现人的价值追求、意志信念等。

根据文化所处的社会作用与相互关系，可以将文化划分为主文化、亚文化、反文化。主文化，是统治阶层所倡导、鼓励、支持的文化体系，符合社会发展运行的规律，占据支配与统治的地位。亚文化，是社会中属于某个集体或某一区域的特定文化，具有一定的特殊性与多样性，不同区域的亚文化差异比较明显，其受到气候环境、风俗习惯影响颇深。反文化，是对社会的凝聚力与向心力起到反作用的文化体系，其发展目标与主文化的发展方向相悖，会对社会的主流文化体系的发展造成阻碍乃至破坏性影响。

根据文化所属的国家与民族，可以将文化划分为本国文化、外国文化。本国文化，是由本国的民众在多年的岁月积淀中，共同创造和发展而成的文化，是国家全体民众劳动与智慧的结晶，包含着民众对于国家与社会的真切感受，体现着国家最为根本的价值标准与价值追求。外国文化，是本国之外的其他国家所创造的一切文化的总和。由于各国的基本情况具有差异性，所以本国文化与外国文化在许多层面并不一致，甚至存在许多完全相悖的情况，所以在面对不同的文化时，应当以辩证的眼光去看待。

（二）文化的特点

文化作为人类文明的见证，具有无可比拟的重要性，丧失文化意味着失去民族之"根"，无论何时我们都应对文化提起应有的重视。纵观人类发展史，各国各民族都有着独特的文化脉络，在"地球村"趋势愈发明显的今天，各国的文化起到了向世界彰显其自身价值与魅力的作用。与此同时，由于文化受地理因素、人文因素、历史因素影响颇深，文化也有着许多不容忽视的特点（图2-1）。

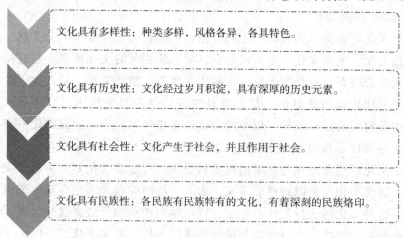

图2-1 文化的特点

1. 多样性

文化具有多样性。世界各国家存在着明显的差异性，无论是国家的地形地貌、气候天象、民族习俗、历史背景都明显不同，而文化是植根于不同国家的土地上，与国家的相关情况息息相关。

所以，在不同国家会存在不同的文化体系，这也就构成了文化的多样性。具体来讲，不同的国家的语言文字、宗教信仰、思想伦理、文学艺术、建筑风格、民风民俗都存在着一定的差异。

例如，我国的文字体系为象形文字，是表意性文字，即人们可以通过分析与观察字体结构大致判断出该文字的内涵；而欧美等国的文字体系为字母文字，是表音性文字。

又如，我国传统思想文化注重伦理纲常、道德道义、内圣外王、和谐有序、万物一体、天人合一，而西方社会更加追求智慧、理性、正义，从中可以看出传统思想文化与西方思想文化明显的差异性。当然，也正因文化的差异与多样，才造就了我们丰富多彩的世界。

各国的文化都是世界文化中不可缺少的色彩，对人类社会来说，文化多样性的重要作用，就像生物多样性对于维持生态平衡那样必不可少。只有保持世界文化的多样性，世界才更加丰富多彩，充满生机和活力。

2. 历史性

文化自原始社会时期便已具雏形，虽然当时人们的生产力与生产水平较为低下，但是已经有了认识自然、改造自然的想法，人们通过不断地实践、劳动，发明了许多在当时的社会条件下便于生产生活的技术。例如，钻木取火技术、原始纺织技术、原始剥皮技术，等等。

随着时代的发展与文明的进步，人类社会已经进入了一个崭新的时代，如今人们的生产力大幅提升，科学技术与知识经济已经成为时代的主题。但是人类社会的文化谱系却未曾间断，我们现今所学习和了解的文化，均来源于古人的生活与实践，我们只是在其基础之上进行了一定的改进与发展。所以，文化具有历史性，其丰富与发展是一个漫长的历史过程，而我们今天所创造的文化，也必将成为明天的历史。

3. 社会性

文化具有社会性。自人类产生以来，经过长久的发展，终于迈进了 21 世纪这一新时代。无论在历史上的哪一时期乃至当今社会，文化都未曾离开社会。社会是人化的社会，有人的地方必然存在文化，所以社会之中时刻都有着文化的体现。

我们处于社会中，我们接触其他的人要遵循特定的礼仪文化，我们学习的过程也是对于文化的接纳与吸收的过程。反之，文化也以不同的方式影响和改变着我们的社会，时刻对社会发生着影响。例如，社会中普遍盛行互帮互助的风尚，人们以友爱他人、善待万物作为行事根本准则，社会也将充满和谐友善的氛围。

4. 民族性

文化具有民族性。世界上民族众多，各民族由于生活与发展的环境不同，在民族风俗习惯等诸多方面则体现着许多差异，这就构成了文化的民族性。我国疆域辽阔、资源丰富、民族众多、各具特色，五十六个民族构成了极其多样的文化宝库。

例如，满族人民主要居住于我国的东北三省地区，有着大量传统文化活动，包括珍珠球、跳马、跳骆驼、滑冰等；蒙古族人民每年七八月份都会举行热闹非凡的"那达慕"大会，大会一方面是为了庆祝丰收，另一方面也是为了调动人们运动的积极性，向世人诉说草原特有的特色风情；纳西族崇拜神灵，每年农历七月二十五是他们的"转山节"，在这一天，族人要祭祀狮子山。此外，其他民族也有多彩的文化，在此不一一列举。总之，文化具有民族性，各民族有其独特的文化谱系，而民族文化也向世人展现了各民族独特的魅力。

三、文化的作用与职能

文化涵盖的内容与涉及的领域十分宽泛，其在不同的范围与层面发挥着重要的作用与职能，是人类社会发展的"助推剂"。文化的作用如下图（图2-2）。

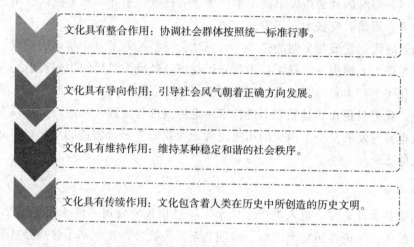

文化具有整合作用：协调社会群体按照统一标准行事。

文化具有导向作用：引导社会风气朝着正确方向发展。

文化具有维持作用：维持某种稳定和谐的社会秩序。

文化具有传续作用：文化包含着人类在历史中所创造的历史文明。

图2-2　文化的作用

（一）文化具有整合作用

文化具有整合作用，即在宏观上协调群体成员的行动。体现在社会中，就是促使社会中的每一个成员，都能够按照社会的主流文化行事。虽然社会中总会出现不同的事件，应对事件的方式方法存在着明显不同，但是在文化整合作用的影响下，人们能够基于自己的需要，结合实际情况，以主流文化作为应对与处理事件的"标尺"，促进社会成员有效沟通、消除隔阂、促进合作，整合成为具有相似或相近目标的"统一体"，从而有效提升民族的凝聚力与向心力。

（二）文化具有导向作用

文化对于民众的内在思想倾向与外在行为表现具有一定的导向作用，在社会中，这一点作用在精神文化与制度文化方面尤为突出。如今人类社会已经发展到了现代化阶段，各国的法律制度已经比较健全，在这些愈发完善的制度的规定之下，人们的行为也受到相应的约束。

另外，每一个国家和民族所最为推崇的价值体系属于其主流文化，是一种软实力的体现，这种软实力能够对所有的民众起到引领、引导的作用。在我国，主流的文化体系为社会主义核心价值观，即"富强、民主、文明、和谐、自由、平等、公正、法治、爱国、敬业、诚信、友善"。社会主义核心价值观对于社会中的每一个成员都有着一定的感召力，指出了中国人民应当遵循的行为准则。所谓"法安天下，德润人心"，社会主义核心价值观作为中国最重要、最核心的思想文化体系，对于社会有着积极的导向作用。

（三）文化具有维持作用

文化是人们以往共同生活经验的积累，是人们通过比较和选择认为是合理并被普遍接受的东西。某种文化的形成和确立，就意味着某种价值观和行为规范的被认可和被遵从，这也意味着某种秩序的形成。而且只要这种文化在起作用，那么由这种文化所确立的社会秩序就会被维持下去，这就是文化维持社会秩序的功能。

（四）文化具有传续作用

文化的产生及其丰富与发展，都始终和人类社会的劳动实践密切相关，换言之，正是因为人们经过了长久的实践，才创造出了诸多举世瞩目的灿烂文化。

这也从侧面表明，文化的产生必然是一个漫长的、积累的过程。自人类诞生之日，经过了原始社会时期、奴隶社会时期、封建社会时期，在任何的历史时期，都有勤劳智慧的古代人民所留存下来的部分文化遗产，这些文化遗产饱经沧桑、历久弥新。

例如，距今 4000 多年前的古巴比伦王朝留存下来的《汉谟拉比法典》成为世人皆知的重要历史文物，其中所蕴含的文化内容延续至今，是学者们研究两河文明的重要依据。

又如，1000 多年前盛唐时期于今河南洛阳所开凿的龙门石窟建筑群成为石窟造像艺术的重要代表，无数中外考古学者与文化学者相继到此考察调研，石窟所包含的佛教文化、美学文化、建筑文化也对当代社会有所启发。我们可以运用现代技术手段对曾经的文物进行科学化的研究，并适当进行复原，可以从中了解古人所要表达和传递的文化意蕴，这便是文化传续最明显的体现。

此外，我们在当代社会所创造的一切文明，也将在若干年后成为后世子孙所研究和珍藏的文物。所以，文化始终伴随着时间的发展与岁月的流逝而传续下来。

第二节　文化创意与文创产品

一、文化创意的来源

文化创意是一种以文化为元素，融合多元文化，整合相关学科，利用不同载体而构建的再造与创新的文化现象。文化创意的来源比较广泛，任何与文化相关的内容都可成为其来源，一般我们将其来源分为两种，其一，是来源于传统文化与现代题材（纵向）；其二，是来源于空间上的文化差异（横向）。

（一）来源于传统文化与现代题材

1. 传统文化

传统文化是文化创意的重要来源之一，传统文化中饱含大量创意资源和素材，凡是固有文化情结的人，则更容易接受以传统文化为核心与本质而创造的文化产品。基于这一点，许多文创产业都希望尽可能多地运用传统文化吸引消费者。

事实上，世界上许多国家早已注意到这一点，他们在研究和发掘本民族文化时，还别出心裁地将这些文化元素运用到创意设计中，将其转变为实践。例如，开创文创产业最早的英国便是这样做的，英国的旅游协会、博物协会、历史协会、考古机构等文化组织十分注重本国文化的考究，同时，他们还特别重视文化的传承与弘扬。学者们一方面大力开展学术研究，另一方面还与企业有着密切往来，为企业提供大量值得借鉴的文化元素，助力文创企业将国内的历史文化转变为实质性产品。

近年我国经济水平不断提高，文化领域随之有了显著发展，我国的影视产业也开始注意到可以将传统文化元素加以创新，形成更具吸引性与创造性的新产品，以实现传播文化与营销产品的"双丰收"。例如，《西游记》是我们每一位国人乃至多数国际友人都比较熟悉的经典名著。2015 年国产动画电影《西游记之大圣归来》登上大荧幕，该影片取材于传统文化，同时加入一些富有创意、包含深意的内容，取得了动漫史上的傲人战绩。这就是在传统文化中取材，并进行文化创作的重要代表，可见，传统文化中存在着许多值得研究与开发的内容，还需要文创领域的工作者不断发掘，细心钻研。

2. 现代题材

现代题材中一些永恒的主题，如爱情、亲情和友谊等，也成为文化创意的来源。通过对现代社会的解读而形成的文化创意，往往具有更大的操作空间。创意者可以在当下社会中直接找到创意灵感，开发出更多的文化创意产品。[①] 近年，随着各行各业不断发展，许多企业开始把创意发展的目光放在了现代题材上，如我国许多国产影片都是围绕现代主题创作而成，包括《夏洛特烦恼》《一念天堂》《北上广不相信眼泪》《欢乐颂》等。

---

① 田利. 图书馆文化创意产品开发理论与实践 [M]. 北京：北京理工大学出版社，2018：3.

以上影片均是与现代社会为背景，讲述现代人的都市生活，虽然剧中并未出现明显的传统文化的内容，却也引起广大观众共鸣，受到广泛好评。可见，以现代题材作为创意基点，也应是发展文化创意的重要来源之一。

（二）来源于空间上的文化差异

从空间上的文化差异寻找创意来源，就是寻找其他领域、其他国度的文化元素，并将其有效运用到自身的文创活动之中。所以在进行文化创意创造时，我们不仅可以利用我国的传统文化与现代题材，也可以在保证基本价值观正确的前提下，引入外来文化，对其进行"中国化"，让国外文化为我国文化创造"赋能"，从而实现更高质量的发展与创新。

前些年，我国部分企业在这一领域已经有所实践，并取得了相应的成绩。例如，新浪网曾经借鉴国外互联网的模式，网易也曾借鉴美国易贝网，等等。在未来的文创领域，我们依然可以选择这样一条路，尽量拓宽文化的渠道与来源，做到"洋为中用"，对外来文化进行吸收与转化，利用文化在地域与空间上的差异，形成文化创意的创新性应用。

二、文创产品的内涵

文化创意是一种与文化相关，以文化为内核的构想，将其文化属性附加到商品，即成为文创产品。

（一）文创产品的定义

关于文创产品，由于学者对其研究的侧重点不同，在学界有着不同的定义。有学者认为，文创产品是依靠创意人的智慧、技能、天赋，借助于现代科技手段对文化资源、文化用品进行创造与提升，通过知识产权的开发和运用，而生产出的高附加值产品。

有学者认为，文创产业是一种在经济全球化背景下产生的以创造力为核心的新兴产业，强调一种主体文化或文化因素依靠个人（团队）通过技术、创意和产业化的方式开发、营销知识产权的行业。文创产品就是文创产业延伸出来的产品。在看似简单的产品背后，或许蕴藏着几千年的文化。文创产品不仅仅只是为了宣传文化或者艺术品，更像是文化和艺术品的另一种表达方式，以另一种方式延续着它的生命和意义。

笔者认为，文创产品是文创产业以文化为核心内容，以创意与创新为手法和方式创造而成，并具有之前商品不具备的特性的全新产品，其根本价值不在于是否运用昂贵的材质，而在于产品所蕴含的深层文化魅力。具体来看，文创产品应当包含如下几点要素：

1. 文化底蕴

文化主题，这是文创产品的内核。缺乏文化底蕴的产品无法满足消费者的内在性需求。

2. 实现转化

创意转化，要有一定的创新性。

3. 注重细节

注重细节，考究的工艺水准为产品赢得优质的口碑。

4. 顺应潮流

在文化创意的基础上，符合时代潮流，抓准时代前沿，适当加入科技感。

（二）文创产品与其相近概念辨析

近年互联网发展迅速，人们想要获取的多数信息都可以在互联网上进行搜索，但是网络上的资源良莠不齐，有时难免会出现一些歧义或误差。为了更加清楚地了解文创产品，有必要对与其相关的其他概念进行辨析，包括创意产品、旅游纪念品、艺术衍生品等，在某些情况下，人们或许难以区分这些商品。

1. 文创产品与创意产品

顾名思义，前者的全称为"文化创意产品"，比后者多出"文化"二字，所以文创产品比创意产品多了文化的属性。文创产品一定具有创意，而创意产品却不一定具有文化底蕴。

例如，同样是创意形象，获得昭苏县旅游商品创意设计大赛金奖的"乌孙和亲"吉祥物形象，与全球风靡的动漫形象"机器猫"，同样经过时尚的设计方法进行创意转换，而前者来源于中国外交历史文化——受到某群体广泛认知，并形成思想与行为系统的文化，所以我们称前者为文创形象，而后者为创意形象。

2. 文创产品与旅游纪念品

在很大程度内，文创产品以旅游纪念品方式进入市场，由于本土文化往往以旅游业进行传播，所以当下多数情况源于"本土文化"的文创产品具备旅游纪念品属性，可理解为旅游纪念品的一种，也是近几年旅游纪念品行业的"主力军"。而旅游纪念品还包含着传统的各类具有本土化特色的产品，如手工艺品、土特产礼品等。

3. 文创产品与艺术衍生品

文创产品与艺术衍生品有部分交集。我们可将艺术衍生品简单分为"直接衍生"与"创意衍生"两类，当艺术作品本身负载文化的情况下，进行"创意衍生"所产生的产品，等同于文创产品。而"直接衍生"的艺术衍生品，或艺术本身不具备文化内涵时，艺术衍生品不可定义为文创产品。

第三节　文创产品的特点与类别

一、文创产品的特点

关于文创产品的特点，最初学者们认为应该包含审美、功能、内涵三点，也就是具有一定的美感和实用性，同时要有文化底蕴。随着文创产业不断发展，消费者对文创产品的要求也越来越高，文创产品的特点也在发生着变化。笔者认为，一个优质的文创产品应当具有如下特点：文化性、艺术性、地域性、民族性、纪念性、实用性（图 2-3）。

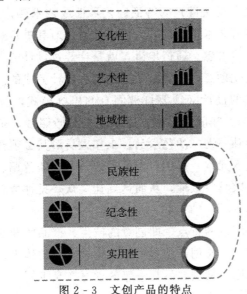

图 2-3　文创产品的特点

（一）文化性

文化性，指产品所蕴含的文化底蕴，并不一定只是其外在表现有文化的图案、纹样等，这只是文化最浅层的表现形式，更重要的是，要使消费者通过接触产品，而感受到一种内在的文化感，引发精神上的共鸣。

文创产品与一般商品最大的区别就在于其文化性，缺乏文化性或产品包含的文化底蕴不足，只会失去其最为核心的竞争力。在我国文创行业刚刚兴起之时，文创只能算是"1.0 时代"，这时各商家有了将文化内容体现在产品之上的初步构思与想法，但是这种"文化＋产品"的形式还停留在表面形式，如"文化衫"，只是在 T 恤上面印上具有一定创意的图案或文字，包括一些古文古语、奋斗语录、卡通图案等。

可以说，这时文创产品的文化性还不够深厚，不足以引发消费者内在的情感共鸣。随着文创产业不断发展，许多商家开始思考如何以内化的方式将文化蕴于产品之中，此为"2.0 时代"，也是文创产品的文化性明显提升的时代。如今在有关部门的支持下，特别是 2014 年国务院出台《关于推进文化创意和设计服务与相关产业融合发展的若干意见》之后，相关产业取得了快速发展，各文创产业更加注重对于文化创意的深度提炼，文创设计不再流于表面，涌现出一批文化性充足的产品。例如，故宫系列文创产品、《永乐大典》系列文创产品，等等。

（二）艺术性

如果说文化性是文创产品的本质与核心，那么艺术性就是最能提升其美感，从而达到吸引消费者目标的重要特性。艺术性是文化创意产品所有特性当中最具创造性的，也是最吸引观众目光的特征。艺术性或艺术感，指文创产品的造型、选材、色彩等因素具有艺术审美性，人们能够通过对其进行观赏或使用，而产生一种美的享受与内在愉悦感。通俗地讲，就是让经过设计的文创产品好看，具有独特性。一件好的文化创意产品，是要通过精心设计完成的。

所以，文创产品的设计必须要打破固有的思维模式，打破固有的"理念藩篱"，不能运用常规的、守旧的思维，更不能去照搬照抄，东施效颦，而是应当将文创产品当作一种独一无二的艺术品。工作人员对其必须要运用专业的艺术设计思维，合理选择艺术元素，运用典型的图像、多变的色调、精绝的构图，巧妙结合，突出唯一性，兼具收藏性，从而达到让受众一见钟情、过目不忘的效果。

（三）地域性

文创产品具有地域性的特点，即创意的产生、产品的开发等因素都与地域有着莫大的联系。一方面，文创产品是一种文化软实力的体现，要以宣传和弘扬本国本民族的文化为原则，文创产品与一般的创意产品不同，其价值导向必须以本国的文化为核心；另一方面，文创产品的设计生产与地域的特性有着密切联系，许多产品都是"就地取材"，以某一区域的历史文化为主要元素。

（四）民族性

文创产品具有较强的民族性，也就是说文创产品中能够体现出丰富的民族文化内容，许多民族文化可以作为文创产品开发与设计的灵感来源。民族的就是世界的，民族的文化自然也是人类文明的重要组成部分，民族文化能够引起消费者的情感共鸣，将民族文化运用到文创产品中，能够凸显民族特色，必然会带动文创产业不断进步与发展。

例如，许多民族性的图案都可以设计到文创产品之中，包括少数民族信仰的图腾、神明等。这既彰显了我国民族文化的多样性，又增添了文创产品的创意性与民族性。事实上，近些年我国文创产业大力开发民族性产品，已经有了许多优质的产品。例如贵州黔尚品公司大力发展民族文创品，涉及各个领域，包括背包、生肖玩偶、钥匙包、抱枕、笔记本等，充满贵州民俗特色。

（五）纪念性

文创产品的纪念性主要体现在两个方面：

其一，文创产品能够"带领"人们回望历史与文化。人类文明诞生以来，岁月长河滚滚不息，许多文创产品都包含传统文化的内容。人们在对其进行观赏时，能够被带回那段历史情境中，体味历久弥新的文化底蕴，这是对于历史与文化的纪念。

其二，文创产品在现代社会能够帮助人们纪念某些重要盛况。例如，2008年北京奥运会彰显了中国的强大实力，而作为奥运文创产品的福娃"贝贝、晶晶、欢欢、迎迎、妮妮"纪念了2008年中国开办奥运会这一历史性的事件，每当人们看到福娃，都会想起北京奥运会的场景，这便是文创产品对重要事件所起到的纪念作用。

（六）实用性

一款好的文创产品，在具有文化性与创意性的同时，也不应忽视实用性，正如故宫学院院长单霁翔所说"一款好的文创产品，应该是兼具实用性与趣味性的"。然而，前些年我国许多文创产品出现了"用力过猛"的情况，产品开发者过于注重创新性，希望达到吸引眼球，提升热度的效果。于是有些文创产品虽然看上去颇具新意，与众不同，给人以新奇的体验与感官的享受。但是当消费者将产品买回家中，却发现基本没有任何用处，甚至有些人在购买前期的新鲜感消退之后，会感觉"索然无味"，认为花大价钱购买的产品没有实际用处，实为"把钱花在刀背上"。所以，文创产品也应当兼具一定的实用性。目前比较常见的具有实用性的产品一般为手提袋、T恤、手机配套件、书签、本子、扇子、丝巾、挂件、冰箱贴等，这些与我们日常生活息息相关的产品具有一定的实用性，实现了实用与文化的结合，为我们带来了更好的使用体验。

二、文创产品的类别

文化具有变化性，即使是同一区域，其文化系统都有可能在不同时代背景下发生变化，这就导致文化具有明显的多元性。在多元文化的影响下，以文化为本质内核的文创产品必然也是丰富多彩、不拘一格的。文创领域的专家学者对文创产品有着不同的分类方法，笔者认为将其分为如下几种类别最为贴切：旅游文创产品、动漫文创产品、影音文创产品、出版文创产品、工美文创产品。以上五大类基本上包含了所有的文创产品（其中某些类别的产品会形成交叉，即某产品同时属于两种类别，如天津市杨柳青木版年画既属于旅游文创产品又属于工美文创产品）。

文创产品的类别如图所示（图2-4）。

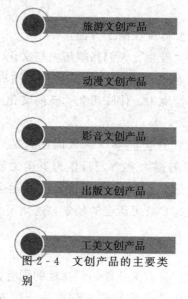

图2-4 文创产品的主要类别

（一）旅游文创产品

在华夏大地，自古就已有众多旅游活动，只不过在古时旅游是贵族与氏族才能进行的一件风雅之事。随着时代发展，尤其是在唐宋之后，旅游才开始走进了寻常百姓家，越来越多的普通百姓可以在闲暇时光，携亲友共同郊游，这在古人流传的唐诗中便可窥见一斑。例如，宋朝陆游在《旅游》一诗中便留下了"县驿下时人语闹，寺楼倚处客魂消"的名句。

时至今日，旅游已经成为国民经济发展的重要支柱性产业，近年有关部门对我国旅游人次的统计即可表明这一点（表2-1）。

表2-1

年份（年）	国内旅游人数（亿人次）	比上年增长（%）
2010	21.0	10.6
2011	26.4	13.2
2012	29.6	12.0
2013	32.6	10.3
2014	36.3	11.4

2019年，国内游人数达60.06亿人次，旅游总收入6.63万亿元，这更是开

创了我国居民旅游热度的历史新高。

在人们越来越重视旅游的时代背景下，旅游相关的衍生物也有了更加广阔的发展空间，旅游与文创的结合则成为一种新的发展趋向。旅游文创产品主要包括文化礼品、办公用品、土特产品等类别。

1. 文化礼品

文化礼品，指与旅游活动相关的，蕴含旅游文化的创意产品。这类产品一般在旅游景区周边售卖，产品的外形特征、整体风格都能够明显体现出景区的特色。

例如，有些景区会售卖纪念币，纪念币多为圆盘形，其表面刻绘具有特色的图案，一般以景区的外观为原型，这些惟妙惟肖的图案则是旅游文化与创意文化的巧妙结合。包括沈阳市大帅府景区、南京市总统府景区、西安芙蓉园景区、山东泰山景区、安徽黄山景区，等等。

2. 办公用品

办公用品，是人们在日常的生活与工作中经常使用的辅助性产品，其涵盖的内容十分丰富，囊括了桌面用品、办公设备、财务用品等多种类别。旅游文创产品常以办公用品为基点进行创作，如用于书写的各种笔类，有中性笔、圆珠笔、铅笔、台笔、白板笔、荧光笔、漆油笔等；如用于装入或保管私人物品的拉链袋、公事包、文件夹等；如用于储存信息资料的电脑周边用品 U 盘、录音笔等。在国内各大旅游景区，人们随处可见以景点相关元素为创作灵感的办公类文创产品，包括北京香山景区的"红叶纪念笔"，武汉光谷商圈的 U 盘，厦门鼓浪屿景区的明信片、文件夹等。

3. 土特产品

在人们常规印象中，土特产品只是一些农村景区特有的一些农副产品，如狼牙山土豆、嘉定大白蒜、章丘大葱、南汇水蜜桃等。而实际上，广义的土特产品不只是农副产品，还包含许多具有当地风土人情的纺织品、工艺品等，属于旅游文创产品的重要类别之一。北京漆雕、北京玉器、景泰蓝、内画壶（鼻烟壶）、天津风筝、沈阳羽毛画、锦州玛瑙雕刻都属于土特产品，它们有着浓郁的当地特色与深厚的文化底蕴。

（二）动漫文创产品

20 世纪上半叶为动漫产业的开创阶段，这一阶段世界各国的动漫产业刚刚起步，较为经典的影片数量很少，为人熟知的仅有美国的《一张滑稽面孔的幽默姿态》《恐龙》《路斯坦尼亚号的沉没》《汽船威利号》《花与树》等。而我国动漫产业起步较晚，大致在 20 世纪中后期才开始发展，不过我国动漫一经发展就取得了不俗的成绩，当时的水墨动画堪称经典，其中许多元素为后世各国动漫家所学习和效仿。

进入 21 世纪，日本动漫产业迅猛发展，动漫题材愈发多样，种类极为丰富，截至 2012 年底，日本动漫占全球的份额高达 7 成。如果说 21 世纪之前，我国动漫文创产品尚不具备其发展的社会经济条件与文化条件，那么 21 世纪的今天，动漫文创产品已经迎来了其发展的关键期。我国愈发重视动漫产业的发展，有关部门深入贯彻落实相关政策，打造出多个知名国产动漫品牌和骨干动漫企业，培育出一批具有较强市场意识、国内外知名的动漫艺术家和企业家。

如今我国的动漫文创产业已经受到世界各国的广泛关注，我国的动漫文创产品也更加丰富，简单地讲，动漫文创产品是以动漫为主题创作而成的产品，包括动漫作品与动漫衍生品。细致地讲，动漫文创产品包括与动漫相关的游戏、服装、玩具、食品、文具用品、主题公园、游乐场、日用品、装饰品等诸多产品。例如，洛可可设计公司一直追求创新的设计理念，在《西游记之大圣归来》动漫上映之际，该公司找准产业定位，大力发展与动漫相关的创意产品，生产了大量《大圣归来》动漫衍生品。其售卖的产品主要包括以《大圣归来》为设计灵感的水杯、帽子、眼罩、面罩、耳塞、手表、面具、鼠标、耳机、拉杆箱、挂件、手机壳、自拍杆、玩偶等产品，销量十分可观。

（三）影音文创产品

影音文创产品，指以影视作品、歌曲作品、音像作品、广告贴片等为灵感，创造而成的文化产品。

针对影音作品进行文创开发，开发者必须先要选取影视作品，由于这些影视作品承担着宣传文化的重要职能，所以合格的开发者要选取最能代表国家正能量与主旋律的作品。

近些年我国上映的优质佳片不在少数，有《古田军号》《八佰》《金刚川》《铁道英雄》《长津湖》《觉醒年代》等，一些文创产业工作者以上述类型的影片作为创意灵感，打造推出了许多高质量的文创产品，其中最值得一提的就是《觉醒年代》文创产品。

2021 年，由中共北京市委宣传部、中共安徽省委宣传部、北京市广播电视局和安徽省广播电视局联合摄制的电视剧《觉醒年代》登上荧屏，在社会上引起巨大轰动。许多文创企业为了宣扬正能量与革命文化，同时也为了产业链条发展与扩张，推出了许多与之相关的产品。例如，以《新青年》杂志为封面的小本子，乍一看封面，与百年之前《新青年》杂志封面十分相似。而当人们将本子翻开之后，又是比较实用的纸张，有趣又有品的设计，兼顾了实用性和纪念性，大大提升了商品本身的文化传播价值，与热播剧的情景相契合，又给商品增添了时尚元素。又如，在 2021 年夏季的中国国际服务贸易交易会上，《觉醒年代》首发的文创雪糕在半日内就被抢购一空，雪糕包装印有 Q 版李大钊，并标有"苦中作乐才是士的本质"，这激起了消费者的购买欲。设计公司还打造有与《觉醒年代》相关的零食、文具、饰品、包装袋、钥匙扣、明信片、书签等，销量均十分可观，还能够加深消费者对于革命时期伟大人物的了解程度。

另外，大厂影视小镇近年也一直在聚力打造影视文创，取得了一定的成绩。该小镇位于首都经济圈廊坊市，小镇以"影视＋"为核心发展方向，坚持"孵化＋产业化"双轮驱动发展战略，推动文化、科技、金融融合发展，逐步形成大厂影视文创产业集群效应。2021 年，大厂影视小镇坚持统筹协调发展，成立影视文创产业链链长制工作领导小组，全力探索影视文创全产业链的发展新路径。

（四）出版文创产品

出版文创产品，也就是将出版物与文创相结合，打造"出版＋文创"这样一种全新的产品模式。相比于动漫文创，出版文创的起步较晚，但是这并不意味其发展空间受限，如果合理进行开发，"出版＋文创"依然具有广阔的发展前景。美国哈佛大学教授理查德·凯夫斯就曾大力提倡"出版＋文创"。如今，在这一领域主要有着两种类别。

1. 以图书内容为核心围绕某一元素研发

"书中自有黄金屋，书中自有颜如玉"，图书中包含大量的文化内容，涉及各个领域，以书中内容作为核心元素，意味着产品开发有着丰富的资源。基于此，许多出版社对图书进行大量筛选，对优质的书籍进行创新与重制，发展出令人耳目一新的衍生品。例如，中国画报出版社利用《晚清民国时期中国名胜古迹图集》的珍贵图版推出了"晚清民国旧景遗迹明信片"系列产品，其中包括《残佛的沉睡：晚清民国时期中国佛像遗迹》《菩萨的微笑：晚清民国时期中国菩萨像遗迹》《古迹的消逝：晚清民国时期中国古寺、古碑、古塔遗迹》3 盒明信片，受到消费者的一致好评，也给其他出版机构的文创开发提供了新的思路。又如，人民文学出版社在此领域做出了一些尝试，工作人员以宋徽宗的《瑞鹤图》作为《故宫的古物之美》的封面，颇具新意。

2. 以图书周边系列产品形成品牌效应

当出版文创产品取得一定成绩时，可以在此基础上"加码"，以基本文创产品为核心，围绕其进行产业扩张，促进文创产品的多样化发展。为此，社会科学文献出版社围绕图书进行了系列周边衍生品开发，包括周记日历、便签本、书签、明信片、笔记本、胶带等。华中科技大学出版社针对"博物馆"系列图书，设计了博物手账本、台历套装衍生产品，产品设计图片来源于该丛书策划编辑所积累建立的经典博物画库。

（五）工美文创产品

工美，即工艺美术。工艺美术是文创产品开发与设计的一个重点方向。工艺美术不是单纯的美术，而是以手工艺进行制作的一门艺术，由于手工艺的技法颇多，所以工艺美术也有许多类别，包括特种工艺、艺用纺织、工艺绘画、民间工艺、编结工艺、图书装帧、工艺篆刻、应用艺术等。具体类别如表所示（表 2 - 2）。

表 2 - 2

特种工艺	艺用陶瓷、金属工艺、玻璃工艺、艺用搪瓷、漆品工艺、雕刻工艺。
艺用纺织	提花纺织、织毯工艺、抽纱工艺、绣织工艺。
工艺绘画	内画、羽毛画、麦秆画、贝壳画、烙画、丝绒画等。
民间工艺	灯笼、剪纸、风筝、花灯、泥人、面人、糖人等。
编结工艺	竹编、草编、棕编、麦秆编、绳编。
图书装帧	旋风装、蝴蝶装、筒子装、线装、胶装、胶线装、硬壳装等。
工艺篆刻	在玉石、印章、冻石、牛角、兽骨、黄金、青铜、紫铜等材质上雕刻文字或图案的艺术品。
应用艺术	制作和生产时，既要考虑产品的物质属性与基本职能，又要考虑其审美性，即兼具实用性与艺术性。

第四节　文创产品的价值与意义

一、文创产品的文化价值与意义

文创产品是当代社会的创新型产品，其中包含着丰富的文化内容，无论是以传统文化为题材的产品，还是以新型领域文化为题材的产品，都是文化内容的具象化反映，具有积极的价值与意义。

（一）有助于社会文化多元发展

自 20 世纪中后期尤其是 80 年代之后，我国就开始提倡文化多元发展，邓小平同志与江泽民同志都曾提出过关于文化与创新的诸多重要论断，深刻揭示了文化对于社会发展的重要性。进入 21 世纪，各国在高速发展的科学技术的影响下朝着"地球村"不断迈进，国与国之间的距离虽未改变，但文化层面的交流却愈发频繁，这也在一定程度上促进了文化的发展。

如今各国都提倡社会文化的多元发展，大千世界应当有更强的包容性，而文化只有更加丰富多样才能够为各领域创新与转型提供更多的借鉴和帮助。在这样的背景下，文创产业应运而生，我国文创产业虽然起步较晚，但是在政府与有关部门的支持之下，已经取得了显著发展，推出了许多优质的文创产品。

这些产品中有些以传统文化为题材，有些以新兴文化为题材，有些则融合了传统文化与现代文化，还有些产品以中外文化的结合作为创作灵感，这极大促进了文化的融合发展，对于社会文化多元化具有十分积极的价值与意义。

（二）有助于国家文化软实力提升

软实力本是美国著名学者约瑟夫·奈所提出的一个概念，指与物质性硬实力（军事、经济、政治）相对而言的一种力量。我国开创性地提出文化软实力这一概念，与软实力有着一些相似之处，但是却又有着根本的不同。文化软实力首见于党的十七大报告，指的是一个国家、民族或地区先进文化所体现出来的强烈的凝聚力、创造力、生命力。

在社会主义建设的新时代，习近平同志站在历史的制高点，揭示我国现代化发展的时代命题，要求大力提高国家文化软实力，以助力中华民族伟大复兴中国梦的实现。

文化软实力涵盖内容十分丰富，纵向来看，它包含中华传统文化、近代革命文化、现代创新文化、社会主义核心价值观，等等；横向来看，它包含中华民族任何领域的文化，如中医文化、武术文化、思想文化、服饰文化、饮食文化，等等。可见文化软实力涉及文化领域的方方面面，助力其发展与提升是每一位国人应尽的责任与义务。

而文创产品以我国博大精深的文化体系为其"创意宝库"，博采众长。多数的文创产品均巧妙借鉴中华文化的内容，这不仅向世人彰显和诉说中国文化的内涵，还在长期创新过程中丰富与发展着中国文化，为其赋予了更多的"时代符号"。例如，国家图书馆制作出以《永乐大典》为主题的文创产品；深圳博物馆制作出以改革开放为主题的文创产品，等等。

总之，越来越多以中国文化为主题的新产品相继问世，它们承载着极其丰富的华夏文化内容。而当这些产品逐渐走向世界，向各国人民诉说中国悠久的历史与灿烂的文化时，会使更多的国际友人深刻体会中华文化独特的东方意蕴。这不仅有利于提升我国文化的海外影响力，更能够明显增强我国人民的民族凝聚力与文化自信力，从而助力国家文化软实力的提升。

二、文创产品的经济价值与意义

文创产品的生产、营销等一系列活动，对于社会经济的发展具有一定的促进作用。

（一）有助于提升经济发展动力

曾几何时，世界各国都把国家产业发展的重心放在传统产业方面，如食品加工工业、纺织服装工业、农林畜牧业、建筑建材工业、机械设备工业、汽车工业、冶金工业等。这些传统产业以劳动密集型为主要特征，同时对于生态环境也有着不良影响。

在新时代新背景下，传统产业呈现出明显的"后劲不足"的趋势，为了助力经济发展，各国已经开始把目光投向新兴产业。由于全球经济一体化形势加快，知识经济与信息技术不断发展，新兴产业随着科学技术的发展开始进入普通大众的视野。新兴产业主要包括新能源、新材料、新医药等。新兴产业与时代接轨，把握时代脉搏，强调高技术含量、高附加值、资源集约。总之，在新时代发展新兴产业能够有效实现产业转型，促进社会经济水平大幅提升。

文创产业则是新兴产业中十分重要的一个方面，属于最具创造财富和就业潜力的知识密集型行业。它与知识经济相适应，主要包括书刊、出版业、报纸、视觉艺术、表演艺术、录音录像制品、电影、电视、玩具、游戏、广告、建筑、艺术、古董、文物、漫画、设计、策划、会展、数码、娱乐、音乐、软件及计算机服务和资讯科技服务等行业。由文创产业所创造的各种优质的、创新的、科技的文创产品极大地激发了社会群众的购买欲，对于拉动内需，促进社会经济增长，有着十分重要的意义。

（二）有助于带动相关产业发展

文创产品以创新性、创意性作为其重要指标，不仅能够把现存的文化资源与创意资源全部转化成经济方面的资源，促进文创产业乃至社会经济整体实现发展，还能够号召人们加强对文化资源的保护，从而带动文创产业相关产业链条的发展与完善。

从产业组织的层面来看，文创产业的发展是多种相关企业和单位的组合，是企业链条共同协作从而达成目标。文创产业不仅能够带动相关产业发展，还能够将创意大量融入其他产业的生产活动中，从而相应地改变相关产业的生命周期，助力其发展。

例如，文创产品销量越来越高，文创产业内部及其他产业之间的合作情况愈发普遍，产业聚合现象增加。又如，文创产业在文化底蕴相对较为浓厚的城市中大量出现，出现集聚效应，这也带动了区域相关产业的发展，包括供给链、销售链相关的产业等。

第五节 我国文创产品的发展趋势

一、交互融合与智能设计

21世纪是信息化的时代，世界已然连接成一个"地球村"，在新技术的带动下，各行各业开始有了更加密切的联系与互动，任何产业都在发展的过程中逐渐与其他产业相融合，这种交互融合将成为文创产品未来的重要发展趋势。

同时，知识经济是时代的主题，各种高新技术层出不穷，科学技术与创新能力已经成为国家实力的重要指标之一，未来文创产品的智能设计水平也将成为相关产业的重要目标。

（一）交互融合

21世纪初，我国文创产品的设计与开发属于"孤军奋战"和"单打独斗"，文创产业往往是"各自为战"，产业自己负责自己的盈亏，由产业内部人员制订计划，开发产品，与其他行业和其他领域没有明显的交流与沟通，是一种孤立的状态。在这种状态下，文创产业发展较为缓慢，难以迅速吸收和转化其他行业的有利因素，也难以将文创产品的精华部分辐射出去。

目前，伴随我国经济水平逐渐提升，新型工业化与新型信息化的进程不断加快，文创产业已经今时不同往日，与前些年有了明显的变化，已经贯穿于社会各个行业和领域之中，并出现多项交互融合的发展态势。在互联互通的背景下，文化创意产业和工业、数字内容产业、城市建设业、现代农业等相关行业跨界融合。在"文化＋科技""文化＋旅游""文化＋金融"模式下，文创产业升级态势明显。

在可以预见的未来，文创产品必将在相关产业的带动下发生明显的变化。推进文化创意和设计服务等新型、高端服务业发展，促进与实体经济深度融合，将成为培育国民经济新的增长点、提升国家文化软实力和产业竞争力的重大举措，也必将是发展创新型经济、促进经济结构调整和发展方式转变、加快实现由"中国制造"向"中国创造"转变的内在要求。

（二）智能设计

智能化，指事物在计算机、大数据、物联网、人工智能等新型技术的支持下，所具有的更加丰富与创新的属性和能力。在当代社会，智能化已经成为时代性的重要热词之一，任何行业都在与智能化接轨，都在努力乘上智能发展的这趟"列车"，希望实现产业的成功突破与转型升级。在智能技术的带动下，一些行业嗅觉敏锐，洞察先机，已经有了明显的进步。例如，汽车领域发明出无人驾驶汽车，这种新型汽车将传感器、物联网、互联网、大数据等技术充分融合，以一种无须人工驾驶的方式满足人们的出行需求，实现了该领域的重大革新。文创领域在未来的发展中，也必将走上智能设计的道路。

目前，已经有部分文创产业开始尝试将"智能＋文创"进行融合。例如，"宜宾造"早已走上智能文创的创新道路，2020年曾在宜宾长江零公里地标广场推出了一款智能竹器艺术灯，设计者以宜宾地区的竹子为原材料，做成极具古风韵味的灯具外形，又为其加入智能技术，插上"智慧翅膀"，实现了传统手工灯具与智能声控系统的巧妙融合。又如，作为国内文创产业的领军者，各大博物馆纷纷开始进行智能化文创设计，包括国家博物馆、故宫博物院、陕西历史博物馆等。此外，文创联（广州）文化发展有限公司研发的文创体验柜，其在智能化、人性化设计方面的一些新思路值得参考借鉴。文创体验柜是一款专门售卖文化创意产品的自助设备，以文创自助零售机的形式，售卖文物衍生品、文创产品、旅游纪念品等。它搭载智能化技术，集成了视频展示、语音讲解、3D、大数据、云计算等智能技术手段，涉及供应链、物流、运营、活动等多个板块，是推动文化产业智能化升级和产业化发展的一款革命性文创体验柜。

总之，文创产品智能化发展具有广阔的前景，除了具有较强的便利性之外，也十分符合时下的社会发展趋势，还能有效促进各种高新技术"落地"，为其提供更多实践的载体支撑。

二、体验经济与实用设计

体验经济与实用设计是文创产品未来的重要趋势。体验经济，指产品能够丰富受众的体验，强化他们的体验感，让他们在观赏或使用文创产品的过程中，产生更加奇妙的内在体验。而实用设计，指文创产品更加生活化，更加"接地气"，其能够在人们的日常生活中发挥实际作用，为人们的生活带来便利。

（一）体验经济

伴随社会的快速发展，体验经济应运而生，并逐渐渗透进入各行各业，其中当然也包括文创产业。在这一大背景之下，具有趣味性的体验活动将成为引领文创产业发展方向的重点。反观国内文创产业刚刚起步之时，文创产品多为"照搬照抄"方式，表现为完全复制文物外形，同时复制品也不够精美，缺乏文化底蕴，同质化严重。

如今我国各大文创产业已经实现了明显的突破，在种类和灵感方面，有一定的创新性。为了促进文创产业进一步发展，开发体验性质的文创产品，应当值得相关产业提起高度重视。在2021年央视春晚节目中，中央广播电视总台发行了一款新春福利，该产品名为"福牛春晚"，由于2021年是牛年，产品以"牛"命名，外观上也印有老黄牛的印花图案，十分精美，饱含"勤劳踏实""信念坚定""艰苦奋斗"的精神。该产品含有深刻的文化底蕴，融入了传统思想文化中"自强不息"的内核，同时以珐琅工艺带给受众以强烈的视觉冲击和独特的视觉美感体验，可为体验经济的重要代表。另外，故宫出版社曾推出一款文创绘本《皇帝大婚》，该产品表现了皇帝"纳彩宴"的场景，给受众展现了生动形象的古代帝王生活图景，反映出中国清代的历史特色，带来一种强烈的视觉冲击力。该产品也为体验产品的开发提供了新的思路。

（二）实用设计

近年来，随着我国文创产业不断发展，以及国民消费思维与消费习惯更加理性化，相关领域的专业人士曾多次表示，文创产品除了要具备创意性与文化性之外，更要兼具实用性。2019 年，时任故宫学院院长单霁翔曾表示"一款好的文创产品，应该是兼具实用性和趣味性的"。话虽简单，真正实践起来却总是面临各种各样的困难，在文创产品的实用设计中，各文创产业可谓"任重而道远"。

想要为文创产品赋予实用性，先要明确何为实用性，如果对于实用性的理解出现偏差，那么未来的文创产品也将走上"偏路"。笔者认为，文创产品的使用并不意味着生活用品，而是要兼具文化性与不可替代性。文创产品不一定要让受众每天都用得到，而是在特定的环境和情境下，使用它能够明显提升幸福感，或增加体验感，此为实用设计的关键环节。

目前，国内已经有部分文创产业走上实用设计的"路子"，推出了一些兼具文化性与实用性的产品，受到用户的欢迎。例如，2020 年成都图书馆推出文创品牌"喜阅"，旗下产品有"芥子园双绘杯"，芥子园双绘杯内侧的图案提取自成都图书馆馆藏《芥子园画谱》中的元素，深度反映出《芥子园图谱》的艺术价值。设计者还别出心裁地采用温变工艺，当在杯中倒入热水时，一部分笔触得以显现，犹如正在使用画墨作画。可见，此产品能够为受众的日常饮用过程增加一些情调与趣味，同样还具有一定的实用功能。

第三章　文创产品的设计

第一节　文创产品的设计理论

一、创新理论

创新理论是著名经济学家熊彼特于 20 世纪所提出的重要理论体系，在经济领域引起轩然大波，有力促进技术与经济相结合的创新发展。熊彼特 1883 年出生于今捷克境内的一个织布厂主家庭，幼年家境尚可，成绩较为优异。1901 至 1906 年，熊彼特进入维也纳大学，开始攻读法学与社会学。1912 年，熊彼特出版了一部名为《经济发展理论》的书籍，立即引起了西方学界的广泛关注。1942 年，熊彼特又出版了《资本主义、社会主义与民主》一书，该书集中体现了他在经济、哲学、政治等领域的主要思想。在熊彼特的诸多思想之中，最为重要的，便是他于 20 世纪初期所提出的创新理论，创新理论对于我们当今的文创企业管理与文创产品设计研发也具有一定的借鉴意义。

（一）创新理论的内涵

创新理论的基本内容主要体现在熊彼特的《经济发展理论》一书中，他认为，创新就是建立一种"新的生产函数"，是把一种从来没有过的关于生产要素和生产条件的"新组合"引入生产过程体系。在熊彼特看来，这种创新的引入过程，能够为生产赋予更多的动力。

具体来讲，熊彼特的创新组合具有如下几种情况，分别为引入一种新产品；采用一种新的生产方法；开辟新市场；获得原料或半成品的新供给来源；建立新的企业组织形式。它既包括技术变革、生产方法的变革内容，同时更具有经济制度形态的转变特征。熊彼特的创新理论突出了企业家的作用。在他看来，没有企业家就没有创新。

熊彼特把创新理论置于他的经济发展理论的核心地位，直接地、明确地把创新活动作为经济增长的原动力。后来，他又根据苏联经济学家尼古拉·康德拉季耶夫的长波理论，研究了创新在资本主义经济发展的长周期中所起的作用，勾画了技术创新经济学理论的大致框架。

　　总之，熊彼特的创新理论强调生产技术的变革和生产方法的变革在经济发展中的核心作用，把这种"创新"和生产要素的"新组合"看作资本主义的最根本特征，并把创新赋予企业家来完成。于是，熊彼特将技术进步、企业家活动和社会发展联系在一起。

　　（二）创新理论在文创领域的应用

　　通过对熊彼特的创新理论进行解读，我们不难发现，其中有许多理论内容能够为文创事业的发展提供可靠借鉴，如"引入新产品""引入新的生产方法"。创新理论要求引入"新的生产函数"，要求对生产要素、生产条件、生产技术乃至管理技术进行全方位的创新，其关于生产与设计的创新要求，对于文创产品的生产和设计影响巨大。

　　1. 创新理论强调引入新产品

　　创新理论强调引入新产品，应用在文创领域，即开发和设计全新的，具有自身特点的文创产品。纵观我国近年的文创产品，在数量与种类上面已经有了明显的提升，文创产品不再仅仅停留于表面，如衣服上面简单的印花图案，闹钟做成卡通的形象等，而是有了更多的文化属性，尤以传统文化类的产品为甚。我国近年文创新产品层出不穷，除了包括比较常见的各种摆件、文具之外，甚至还有彩妆、饮食、首饰等。例如，国家宝藏文创店、上新了故宫文创店都推出眼影盘、气垫、唇釉、腮红、口红、化妆刷、香水等产品，产品外观设计饶有特点，颇具古风古韵。

　　2. 创新理论强调运用新的生产方法

　　创新理论强调运用新的生产方法，应用在文创领域，即应用现代化的生产技术与设计技术。一般来讲，文创产品的设计需要考虑形象模仿、纹样运用、色彩提取、特性引用几个方面，优秀的文创产品要把以上几点融于一体。

　　笔者认为，对文创品进行创新，还应当注重其内在底蕴的外化。通过上文可发现，形象模仿、纹样运用、色彩提取、特性引用，都是针对产品的外部表现而言的，缺乏内部文化底蕴的挖掘与展现，所以设计者今后也应在产品的文化属性方面"下功夫"。

二、市场缝隙理论

　　市场缝隙理论，是日本经济学家长岛总一郎所提出的著名经济学理论，对于新产品的设计与开发有着一定的指导意义。

（一）市场缝隙理论的内涵

按照市场缝隙理论的基本观点，目前经济社会发展已经接近饱和，各领域各行业都有着比较激烈的竞争，但是通过深入研究与比较发现，市场中也总会存在着某些"盲点"。

换言之，市场中总有某行业的某一部分存在着尚未发掘的商机，而优秀的管理者善于发现这些商机，并根据商机去调整产品的设计与开发工作，使产品更加具有市场前景，通过"缝隙"成功进入市场，打造出自己的品牌，有效提升产品竞争力。

当然，市场缝隙理论并非对于所有的企业都适用，对于大型企业而言，其竞争力已经十分突出，产品涉及的领域也比较广泛，如果不是特殊情况，无须参考市场缝隙理论。对于小型企业而言，其综合实力较弱，初次打入市场时竞争力相对较弱，需要尽量避免过于强烈的竞争，要学会"找捷径"，这时市场缝隙理论的重要性便凸显出来。所以，从本质上讲市场缝隙理论是一种企业开拓市场的个性战略，是一种能够充分反映小企业特性的企业经营与发展战略。凡是能够在竞争激烈的市场经济之中生存与发展的小企业，除了政府的扶持之外，更重要的就是每个小企业都要具有与其他中小企业所不同的地方，才能创造商品的差异性，并带来市场的繁荣。

（二）市场缝隙理论在文创领域的应用

目前市场中各领域的产品无论在数量还是种类上都已经十分丰富，这意味着企业间的竞争愈发激烈。对于文创企业而言，由于生产和设计的文创产品多数依靠文化附加值提升竞争力，在实用性方面略逊一筹，所以在"进军"市场时难免遭遇各种各样的阻碍。

市场缝隙理论强调全面分析市场，找到市场的空隙，即竞争程度较低的领域，由此进行产品的设计与开发，方能创造商品差异性，实现销量上的突破。文创产业应深入分析市场缝隙理论，结合产业特性，了解细分市场，在纷繁的市场环境中找到一席之地。市场缝隙理论客观上为我国文创领域的中小企业扩大营销提供了帮助，为其产品设计指明了方向。

三、多感官设计理论

多感官设计，是一种流行于社会的一种设计方式，其理论对于当代设计领域有着十分重要的意义，能够有效指导各种产品的设计活动。设计文创产品时，应当以多感官设计理论为指导，努力为受众打造全方位感官体验的创新产品，从而使受众获取前所未有的体验。

（一）多感官设计理论的内涵

多感官设计，是一种全新的、科学的设计理念，指设计者突破常规，打破原有的设计模式与固有的设计准则，不仅局限于视觉层面，而是根据人体的生理构造，从人体的视觉、触觉、听觉、嗅觉等多种途径入手，刺激消费者的感官机能，使其获得更加真实、全面的体验感，从而激发其消费意愿的设计方式。

在此之前，市场上流通和售卖的绝大多数的产品都仅作用于消费者的某一感官，只针对消费者的视觉、触觉、听觉、嗅觉中的某一项进行刺激和触发，这种单一性的感官刺激，难以有效激发消费者的购买欲，往往无法实现产品销量大幅提升的目标。

21世纪随着生理学、心理学、医药学等学科水平不断发展，学者们认为全方位的优质感官体验，能够让人们在短时间内迅速收集大量外界信息，这种联觉反应是单一感官所无法带来的。而多感官的体验同时还能触发主体的内在体验，如果用户在体验和感受产品时，能够从多种感官获得感受，那么就能够快速实现信息的整合，最大化吸收产品所要表达的信息。

目前多感官设计理念已经在许多领域有所应用，这包括与我们息息相关的日常用品，也包括与多数人距离比较遥远的昂贵奢侈品类。例如，有些餐厅为了达到吸引顾客、招徕生意的目的，会为其自身赋予一些其他的"特性"。老板要求厨师在后厨工作的同时，也要求其他服务员到门口进行歌舞表演，通过视觉与听觉渠道吸引食客前来。又如，如今社会经济形势越来越好，许多年轻人喜欢改装自己的汽车，年轻人一般喜欢将自己的汽车改装成为自己喜欢的模样，包括前唇、排气管、尾翼等，这能够给自己带来更好的视觉体验。可是当驾驶者进入车内启动车辆之后，自己却无法继续观赏自己的爱车。许多改装店抓住消费者的这一心理，特地推出"捆绑消费"，将车内的音响改装、氛围灯改装与汽车外观改装"捆绑"起来，如此一来既达到了促销的目的，又让消费者多感官得到满足。

（二）多感官设计理论在文创领域的应用

多感官设计是一种"一举两得"的活动，许多商家纷纷效仿，这当然在文创领域也不例外，越来越多的文创设计者开始重视多感官设计。我国文创产业兴起之初，绝大多数的文创产品均是以视觉这一单一途径对消费者进行信息传达，如印有各种文字或图案的文化衫，印有卡通图案的马克杯，印有名画名字的日历挂历等。

随着科学技术不断发展，人们对于产品有了更高的要求，对于许多消费者而言，文创产品所包含的文化内容不应当只是从某一方面进行展现，只是印有特定图案的产品已经逐渐丧失其市场竞争力。文创设计者敏锐观察到市场的这一转变，开始以多感官设计理论为指导，在文创设计领域进行适当的创新，使文创产品能够通过多感官对受众产生影响。以故宫主题文创产品"锦盒月饼"为例，设计者将传统吉祥图案纹样作为其外包装，以凸显传统文化注重吉祥的特征；还会选用质地柔软的内包装，以凸显文创产品的质感，当受众打开外包装，能够清晰触摸到产品高档的做工；同时，设计者会在产品包装内部适当喷入带有清香气味的物质，包括油墨味或水果味的香水，这会给受众带来嗅觉上的美好体验。总之，设计者通过一系列加工手法，让文创产品从触觉、视觉、嗅觉等多个层面为受众带来美好而惊奇的感受，提高文创产品的用户体验好感度。

第二节　文创产品的设计方法

在知识经济大背景之下，创意产业蓬勃发展，大量创意产业成为市场的"新晋主力"，可是随着该产业的发展，同质化竞争也难以避免。各文创企业想要从中"脱颖而出"，提高竞争力，提升销量，就必须找到正确的创新设计方法。

一、头脑风暴法

头脑风暴法出自"头脑风暴"一词。所谓头脑风暴，最早是精神病理学上的用语，指精神病患者的精神错乱状态而言的。而现在则成为无限制的自由联想和讨论的代名词，其目的在于产生新观念或激发创新设想，从而有效促进新产品的设计与开发。

（一）头脑风暴法简介

头脑风暴法于 1939 年由美国创造学家 A.F.奥斯本提出，并在 1953 年发表成为一种创新思维方法。头脑风暴法又称智力激励法、BS 法、自由思考法（畅谈法、畅谈会、集思法），如今已经在世界各国广泛实践，成为一种颇为有效的创新方法。

1. 头脑风暴法的作用机理

头脑风暴法能够有效激发人们的创新思维，培养人们的创新性，主要在于以下几点（如图 3 - 1）。

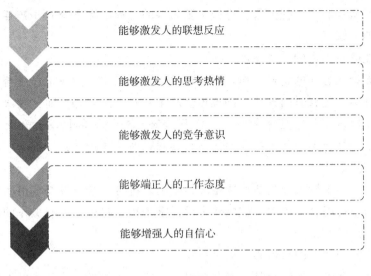

图 3-1　头脑风暴法的作用机理

（1）能够激发人的联想反应

联想力是创造力得以激发的源泉和保障，缺乏联想力，任何人都无法找到创新点，只能随波逐流，跟随他人的想法和观点。而头脑风暴法能够帮助人们在提问、回答、讨论、思索的过程中激发联想反应。例如，参加讨论的人每想到一个问题，提出一个新观点，都可能引发其他人的思索与联想，而这个联想又有可能带动其他的联想，产生连锁反应。之后，这种各自独立的联想点又会串联成为一个"新观念堆"，为人们以新观念和新方法创造性地分析问题、解决问题提供更多的可能性。

（2）能够激发人的思考热情

头脑风暴法要求人们集体讨论问题，在集体讨论中，部分人的思考热情比较高涨，部分人的情绪比较低落。但是通过短时间的交流之后，具有较高讨论热情的成员能够将其热情带给其他成员，以热情感染对方，从而形成一种人人自由发言，突破固有观念，产生创新思维的良好氛围。

（3）能够激发人的竞争意识

竞争能够有效激发人的工作效率，调动创新的积极性。开展头脑风暴法，人们会聚集在一起，一般是围坐在一个圆桌旁，由主持人下命令，大家思考分析问题，并共同解决。多数参与人都具有较强的好胜心与竞争意识，人们都希望在头脑风暴过程中凸显自我，因此就会争先恐后，竞相发言。当然，不排除个别参与者有消极懈怠的情况，但是当他们感受到其他参与者头脑风暴的热情，感受到他们为了解决一个问题而积极思考的状态之后，也会随之产生一定的竞争意识。根据心理学的从众心理，任何人在进行头脑风暴的过程中都不会甘于落后，都希望提出独到的见解。

（4）能够端正人的工作态度

人们无论在怎样的企业工作，无论在哪一行业工作，抑或工作是否为自己最感兴趣的种类，随着时间推移，都难免会产生一些厌倦之感。而这种厌倦感很可能会使员工出现工作态度不够端正、工作表现比较消极的情况。开展头脑风暴时，大家都聚精会神听从主持人的指挥，共同思考相同的问题，都希望先提出更具创新性的想法。

同时，许多主持人会提前设置相应的奖励，这对于参与者有着很明显的激励作用，他们很可能会在此次头脑风暴之后，重新建立起对于本职工作的信心，并端正自身的工作态度。

（5）能够增强人的自信心

在日常生活中，人们有时会突发奇想，突然在某种灵感的驱使下提出一些新的思路、新的想法。但是由于他人无法与自己"同频"，便会否定自己，而此时人们刚刚萌生的好奇心与创新点就会被"浇灭"，自信心也会受到打击。

在头脑风暴时，有着明确的规定，任何人不允许打断正在发言者，要让发言者畅所欲言，将头脑中所想到的全部表达出来；任何人也不允许否定发言者，甚至不可以显露出一丝怀疑的表情与神色，这就可以让其不受干扰，更好地思索问题并提出新的观点。

2. 头脑风暴法的主要特点

相比于漫无目的思考问题，头脑风暴有着无可比拟的优势，它的优点如下（图 3 - 2）。

图 3 - 2　头脑风暴法的主要特点

（1）成本较低

开展头脑风暴活动，不需要精密的设备、复杂的安排，也无须消耗人们大量的时间与精力，只需要几名参与者，一个专业的主持人，一到两名专业的记录员即可。可见，开展头脑风暴的成本较低，多数的文创企业为小型企业，对他们而言，经费永远是最需要仔细考量的因素。所以成本低廉、操作简便的头脑风暴法成为许多文创企业进行设计创新的首选。

（2）效率较高

首先，头脑风暴的时间一般被限定在一小时左右，这表明开展该活动不会消耗太多时间；其次，所有的参与者会在限定的地点和时间内快速开动自己的思维，表达自己的想法，又有专业主持人掌控全局，促使活动有条不紊地进行，这避免了许多无用功；最后，头脑风暴这种模式能够在短时间内快速调动人们的积极性，提升大脑的活跃度，产生思维共振，迸发创造思维，可以在较短时间内达到比较好的效果，许多创意火花很可能就在一瞬间产生。

（3）信息广泛

参加头脑风暴的成员一般来自同一领域，但是他们不是完全来自同一岗位，所以他们对于该行业相关的信息有着不同的了解程度和不同的侧重点。例如，市场营销方面的人员更了解营销方案的制定，而产品设计方面的人员比较精通设计与研发。当头脑风暴开展之时，所有的参与者都会从自己的角度出发，思考关于创新的问题。如此一来，能够获取更加广泛的信息与创意，考虑到较多的因素，从而制定出更加全面的设计方案。

总之，头脑风暴最突出的特点在于其高效性，能够在较短时间内迅速搜集人们的创意思维成果，并对其进行整理、分析。

3. 头脑风暴法的基本原则

头脑风暴法有着特定的原则，只有严格遵循原则，才能取得最好的效果，获得颇具创新性的新观点和新思路。

（1）庭外判决原则

庭外判决原则，指任何参与头脑风暴的人都不能在活动进行时对发言者评判，无论是表扬性的评价还是批评性的评价都不允许出现。当发言者有了自己的想法并进行表达时，他的思维是比较连贯的，在没有外界影响的情况下，能够清晰完整地表明自己的创新性想法。一旦出现外界的声音，无论是肯定的声音还是否定的声音，都有可能对其思路产生干扰，从而影响头脑风暴的效果，使最终的结论出现偏差。所以，庭外判决原则应当算作头脑风暴法的首要原则，任何人都不要在活动时表达自己对于他人思路的意见，而应当把评判、审查、归纳等放到活动的结尾。

（2）畅所欲言原则

头脑风暴活动的根本目的是找到新的想法、新的思路、新的观点，从而促进企业产品设计活动实现创新，以提高市场竞争力，提升销量。想要出现新的想法，管理者就必须要允许所有的参与人员各抒己见，参与者拥有随意表达自我想法的权利。活动中，任何人产生奇思妙想就要抓紧表达出来，不要去深究"对"或"不对"，只需要把自己脑海中的思维转变成话语，传达给在座的同事，当然如果有人正在发言，可以先把自己的想法记录在纸张上，待其发言结束，再表达自己的观点。任何人不要取笑他人的想法，在活动时由于大家开动自己的头脑，可能会想到一些比较荒诞的问题，参与者不要表现出不屑，而是应当尽力营造一种轻松愉悦的氛围，使大家能够共同实现思想上的"百花齐放"。

（3）数量优先原则

头脑风暴时，要遵循数量优先原则，也就是要求在座的参与者都尽可能多地表达想法，创新思路，要追求数量。如果每一个人都只是表达一个想法，那么在最后进行总结与归纳时，很可能难以筛选出优质的想法。优质的创新想法往往与初期设想的数量成正比，每一个人所提出的想法数量越多，那么出现优质想法和有用思路的可能性也就越大。

（4）幽默氛围原则

幽默能够给人带来快乐，在快乐的同时可以帮助人们放松身心，达到提升工作效率、缓解疲劳的作用。善于运用幽默技巧的人，总是能保持一个良好的心态。据统计，那些在工作中取得成就的人，并不都是最勤奋的人，而是善于理解他人和颇有幽默感的人。

例如，美国科罗拉多州的一家公司通过调查证实，参加过幽默训练的中层主管，在 9 个月内生产量提高了 15%，而病假次数则减少了一半。在头脑风暴时，主持者要具备一定的幽默意识，并擅长带领其他参与者共同营造出一种幽默诙谐的氛围，这样才能使活动取得更好的效果。如果参加头脑风暴的每一个人都闷闷不乐、死气沉沉，其思维的活跃程度会大幅降低，优质创意出现的概率也会大打折扣。

（二）头脑风暴法的注意事项

有些注意事项需要所有参与者牢记，这涉及头脑风暴活动开展的全过程，包括活动前、活动中、结束后（表 3-1）。

表 3-1

活动前	确定活动规格
	确定活动时间
	确定活动类型
	确定活动内容

续　表

	开场环节
活动中	活动中期
	发言阶段
	禁用词句
结束后	整理资料

1. 活动前

确定活动规格：包括参加活动的人数，参与者的身份、岗位等。头脑风暴参与者数量一般限制在 5 至 10 人之间，这样既能够保证大家的新思路数量足够，也不至于人数过多，而导致场面比较混乱。同时，要提前安排好一名活动的主持人与记录员，主持人对活动起到了主导、引领的作用；而记录员则能够将大家的重要发言记录下来。

确定活动时间：活动时间一般在一小时左右，如果问题的涵盖面比较广，人们则需要较多的思考时间，可能会把时间延长至一个半小时；如果问题比较单一，那么可以适当缩短时间。

确定活动类型：一般头脑风暴活动包含两种类型，分别为设想开发型与设想论证型。前者是为了获取大量的设想，为问题寻找多种思路而召开的活动，因此需要参与者具备比较出色的想象能力与表达能力；后者是为将众多的设想归纳转换成实用型方案召开的会议，要求参与者善于归纳、分析、判断、总结。

确定活动内容：

（1）明确主题

要明确头脑风暴的主题，主题是一切工作所围绕的重点，主持人必须明确这一点，并在开始之前提前将相关信息通报给参与者，令其提前有所准备。

（2）主持人练习技法

主持人要熟悉并反复练习主持技法，在之后的活动中不能因为个人的疏忽而导致活动出现问题，要摸清与主题相关的知识内容与前沿动态。

（3）参与者提前准备

参与者在了解主题之后，也应当提前做好准备，如提前搜索相关资料，提前预想发言的姿势，提前调整自己的心态，以避免紧张等。

（4）提前转变思维

会前可进行柔化训练，即对缺乏创新锻炼者进行打破常规思考、转变思维角度的训练活动，以减少思维惯性，从单调的紧张工作环境中解放出来，以饱满的创造热情投入激励设想活动。

2. 活动中

开场环节：活动刚刚开场，主持人要尽量以比较幽默的话语为大家营造轻松愉悦的氛围，帮助参与者放松心中的疲惫感与紧张感。之后，主持人要表明此次活动的主题，即"×××××问题"，并请求大家在相应的时间之内进行头脑风暴，通过多角度进行思考，找到创新的思路。

活动中期：在活动中，主持人要把握节奏，帮助参与者突破惯性思维，进行大胆联想，同时也要把控好时间，尽量在有限的时间内收获更多的创意思路。

发言阶段：一般采用轮流发言形式，A发言之后由B进行发言，每人简明扼要说清楚自己的想法，避免互相争执讨论的情况。整个活动不做出任何评价，只是倾听参与者的内心想法。

禁用词句："这点别人已说过了""实际情况会怎样呢""请解释一下你的意思""就这一点有用""我不赞赏那种观点"，等等。

3. 结束后

整理资料：头脑风暴活动结束之后，要由记录员将自己所记录的各种信息进行整理。首先对所有参与者的发言进行总结，然后对这些发言进行分类，再由专家对其进行深入分析。

二、逆向思维法

逆向思维法，是一种重要的思索问题的方法，需要依靠思索者较强的思维能力。运用该方法对某些棘手问题有着卓著的效果，在产品的设计创新方面也有着极大的帮助。

（一）逆向思维法简介

逆向思维法，指从事物的反面去思考问题的思维方法，运用这种方法，往往能够有效提升思考者的创造力。在文创产品的设计和研发过程中，大量运用逆向思维法思考问题，更容易产生创新的火花，呈现出与以往产品截然不同的设计感。

1. 逆向思维法的价值

对于多数人而言，思考问题时往往具有一定的顺序，遵循一定的规律，或按照时间顺序，或按照空间顺序，以此为"方向"来分析问题。运用传统正向思维方法分析问题是多数人的首要选择，也往往最不容易出错。但是正向思维法却难以产生创新的观点。

运用逆向思维法，改变往常思考问题的方法，别出心裁，从其他环节出发，颠倒思路，或许就能够拓宽视野，打开格局，反而能够取得出人意料的效果。

在进行产品设计时，打破固有的观念，一反常规的思路，从常人难以想到的方面着手，或许就能实现产品的创新。文创产品最注重创意，缺乏创意的文创产品将会失去市场竞争力，所以运用逆向思维进行产品设计上的创新尤为重要。

例如，人们日常生活中所佩戴的多数饰品都是以现代感为设计主题，包括设计前卫的耳环、闪耀璀璨的项链等，都是以潮流和时尚作为核心。在设计文创产品时，运用逆向思维，另辟蹊径，打造一批造型与材质比较古朴的饰品，以朴素、端庄、典雅为设计语言，为佩戴者增添几丝古韵，反而比前卫潮流的造型效果更好，更能赢得受众的喜爱。

2. 逆向思维法的类型

逆向思维法具有三种不同的类型，分别为反转型逆向思维法、转换型逆向思维法、缺点逆向思维法（图3-3）。

图3-3　逆向思维法的类型

（1）反转型逆向思维法

这是最为常见的一种逆向思维法，是从已知事物的相反方向进行思考，产生发明构思的途径。例如，第二次世界大战期间，苏军准备在夜晚攻打柏林，可是天上却有许多星星，庞大的部队无法保证不被敌军发现，这给进攻造成了很大的困难。可是当时的苏军元帅朱可夫出其不意，反其道而行之，将全军所有的大型探照灯集中起来，高强度的探照灯让德军无法直面苏军，只能被动挨打或盲目射击，最后，苏军很快突破了德军的防线获得了此次战役的胜利。又如，意大利著名科学家伽利略曾在设计温度计的实验中屡次碰壁，有一次他突发奇想，注意到水的温度变化能够引起水的体积变化，这使他突然意识到，由水的体积的变化便能看出水的温度的变化。在当代社会，由于各行业的发展接近饱和，产品设计相似，同质化竞争严重，反转型逆向思维法也更加重要，企业想要有更具创新性和创意感的设计，必然要学会运用逆向思维法。

（2）转换型逆向思维法

转换型逆向思维法，指主体在遇到问题时，采用常规方法进行分析受到阻碍，难以取得突破，而转换思考角度，从另一侧重点进行分析，使问题顺利解决所采用的思维方法。司马光砸缸的故事便是运用转换型逆向思维法的一个典型案例。人们发现有人掉落在水缸里，只是想着把人从水缸里救出来，而司马光运用逆向思维，想到的是"让水离人"，直接砸破水缸，将人救了出来。在当代文创产品的设计与研发过程中，有可能按照常规思路会遇到一些难题，如配件不全、技术不足、设计感不够等情况。此时设计者则要学会运用转换型逆向思维法，改变旧有思考问题的角度，从侧面思考问题，或许能够顺利突破难关，实现设计上的创新与发展。

（3）缺点逆向思维法

缺点逆向思维法，指遇到问题时，针对不足之处进行分析与研究，尽量将劣势转变为优势，化被动为主动，化不利为有利的一种方法。缺点逆向思维法的关键在于准确判断劣势，并找准劣势中所蕴含的潜力与前景，如果缺乏犀利的判断能力，那么很可能将无法实现化弊为利。历史上最为著名的军事家孙武就是运用缺点逆向思维法的典型代表。孙武具有深刻的辩证思想，他最擅长的就是将不利转化为有利。在文创产品设计过程中，设计者总会遇到这样或那样的问题，任何产品都并非完美无瑕，都有着各种难以避免的缺点。设计者要善于发现产品不足之处所蕴含的潜力，并将缺点转化为优点。

3. 逆向思维法的特点

逆向思维法具有普遍性、批判性、新颖性的特点。

（1）普遍性

普遍性，指逆向思维法在任何时代，乃至各行业各领域都普遍适用。逆向思维注重观察和分析问题中所包含的矛盾，具有深刻的辩证特点，这便是其具有普遍性的根本原因所在。

（2）批判性

逆向是与正向比较而言的，正向思维是指常规的、常识的、公认的或习惯的想法与做法。逆向思维则恰恰相反，是对传统、惯例、常识的反叛，是对常规的挑战。它能够克服思维定式，破除由经验和习惯造成的僵化的认识模式。

（3）新颖性

在日复一日、年复一年的重复工作与实践中，人们早就已经产生了思维定式，遇到问题时，人们总是以常规的、守旧的思维方式去分析问题并解决问题。在多数情况下，虽然人们能够得到答案，但是往往缺乏新意，无法摆脱固有的、刻板的、僵化的局限，难以突破束缚与藩篱。逆向思维敢于打破常规，敢于创新，其思维方向与一般的思维方向完全不同，主张从多角度分析问题。在逆向思维的影响下，人们往往能够看到事物熟悉一面之外的其他情况，这时便能够产生更多新奇的想法，给人以耳目一新的感觉。

4. 逆向思维法的核心

（1）要深刻认识问题的本质，并由之产生新的思路

逆向思维不是单纯地、毫无目的地逆向思考，不是强迫自己在缺乏考察的前提下随意分析，更不是"别人说东，我偏说西"，而是先对问题进行仔细分析，真正认清其本质，了解问题的"症结"所在，再对其进行针对性的思索。只有带有目的性、针对性、科学性的思维活动，才能够产生应有的效果，促进新创意的产生，否则只能是做无用功。

（2）要坚持辩证统一的思维，全面看待和思考问题

按照马克思主义的基本观点，任何事物都是矛盾的统一体，事物内部也蕴含着矛盾，而这恰恰是事物发展的动力之源。当我们发现问题并发动逆向思维时，要时刻谨记辩证的思维，也就是既要有逆向思维，也要以正向思维做参考和坐标，这二者之间始终具有内在联系，只有这样才能够从更多的角度有效分析问题。

（二）逆向思维在文创设计中的应用

逆向思维能够有效提升创造力，在文创设计时，应当巧妙对其进行应用，要去探索设计理念与设计方式的多样性和丰富性，为文创产品赋予更多的可能。

1. 反向思考，出乎意料

要在文创设计时发挥反向思考的作用，抓住已知事物的对立面，借此打破固有思维的枷锁，形成与固有认知的强烈反差，从而达到出乎意料的效果。我国许多的文创产品以传统古文物为原型，对其尺寸规格、颜色外形进行等比例复原，同时，适当增加产品的实用性。例如，以满城汉墓珍宝长信宫灯为原型的文创产品除了与真正的长信宫灯十分相似之外，还具有夜灯的功能，等等。

这在一定程度上保证了呈现文物形象的准确性，但是却又有着照搬照抄，缺乏创新的嫌疑，长此以往可能会使文创产品失去创新活力。如果运用逆向思维，反向思考，尽量减少文创产品设计时的"照搬"情况，而是对文物的某些重要特征进行巧妙借鉴，同时融合一些现代化的技术，或许能够达到更好的效果。

例如，以重庆中国三峡博物馆文物虎钮錞于为原型设计的厨房计时器，就是

对虎钮錞于造型的部分特征进行截取，表现出文物本有的历史厚重感，同时，也有着巧妙的现代计时技术，能够给受众以十分新奇的体验。所以，文创设计时运用逆向思维，改变固有的设计方式，只体现文物的部分特征，而为其增添一些其他的创意性设计，反而能够更具吸引力。

2. 转变视角，另辟蹊径

文创产品多以传统文化或珍贵文物为原型，而尊重历史的思想在我国已根深蒂固，所以为了保持历史的庄严感、厚重感，许多文创产品也尽可能去贴近文物的"气质"，打造出一种古板、严肃的形象。

久而久之，人们虽然会保持对于历史与文物的敬重，但是这种形象也会让人们与文创产品之间的距离变得越来越远。这时，设计者应当转变视角，另辟蹊径，一反之前过于严肃与板正的设计思路，在设计上转换气质，给文创产品注入活泼的生机。例如，曾出现在人们视野的"萌萌哒"故宫系列文创产品就是转换文创产品气质的一种尝试。

文创产品的"萌"与故宫一直存在于大家印象里的庄严肃穆，形成强烈的气质反差，这不仅给观者带来视觉意外，也赢得了一大批年轻人的拥护，这样气质转换的设计，以亲民的姿态传达文化，当然是消费者喜闻乐见的形式。

三、联想设计法

联想设计法，是一种以联想思维为主导，进行广泛思考与联想，从而找到最为合适、最具创意设计思路的方法。在新时代文创产品设计活动中，联想设计法是一种行之有效的设计方法，为文创产品提供大量借鉴。

（一）联想设计法简介

1. 联想设计法的内涵

联想设计法，是根据相似、接近、对比等联系思维，进行分析、思索、创造的方法，能够明显发散思维，提高思维活跃性，实现产品的创新。事实上，联想与我们每一个人都紧密相连，很可能每个人每天都在发生各种各样的联想活动，这种联想有些是自发的，而有些是被动的。

举例而言，当我们看到传统文化这一词语时，映入我们脑海的就是我国那些宝贵而灿烂的文化，包括诗词文化、思想文化、饮食文化、服饰文化、工艺文化等内容；当我们看到体育运动这一词语时，映入我们脑海的就是各种各样的竞技体育与传统体育，包括足球、篮球、羽毛球、乒乓球、橄榄球、太极拳、武术等。

可见，联想思维能够仅仅通过一个"刺激点"，就对人脑的思维系统起到相应的作用，促使人们产生大量的联想，这对于提升设计的创意感无疑是至关重要的。

2. 联想设计法的类别

（1）类比联想

类比联想，指由某一事物的触发而引起和该事物在性质上或形态上相似事物的联想。例如，人们看到天上的云朵由于风向的作用而富于变化，就会将云朵的外形与现实生活中的某种事物联系起来，产生类比联想。又如，在人们约定俗成的思维习惯中，不同的颜色有着不同的含义，当人们看到颜色，颜色本身并无文化意义，可是人脑却会为其增添许多附加的属性，如红色与革命相联、绿色与青春相联、白色与纯洁相联等，这也属于类比联想。

（2）类似联想

类似联想，指因事物的外部特征或性质类似而由一事物想到另一事物，进而产生某种新的联想。类似联想对于创造和发明均有启迪作用。目前人类由于类似联想而产生的发明成果数不胜数，最普遍的便是仿生学的应用。例如，蝙蝠可以发出超声波，超声波碰到物体时会反射回来，这样蝙蝠便不会撞到物体。科学家根据蝙蝠的这一特性，运用类似联想，发明出雷达。又如，现代教学活动中也存在较多的类似联想的情况，词语教学中的同音归类、近义字等均取其类似之处，从而达到便于记忆的目的。在文创产品的设计中，类似联想也发挥着重要的作用，人们可以以某文物为原型，根据其性质特征或外观形态进行设计创新。

（3）对比联想

对比联想，指由某一事物的性质或特点，而联想到与之相反的特点，是对于相反事物的联想，其思考方向与类比联想和类似联想均有所不同。例如，人们开车行驶在拥堵的城市街道中，就会联想到地域广阔、一望无垠的大草原，希望感受辽阔与自在。

纵观人类发展史，人们在对比联想的作用下产生了太多发明，如显微镜自诞生以来科学家们不断地对它进行改进，使它放大的倍数越来越大，这就是始于由小到大的联想；在飞机的发展过程中人们不断改进它，使它的速度越来越快，这正是基于由慢到快的联想；清代满族妇女的旗袍肥肥大大，而后来渐渐变瘦，越来越合体，这是源于由肥到瘦的联想。在现代文创产品设计中，同样可以运用对比联想，以实现创新。例如，模仿传统陶瓷艺术品制作文创产品时，不要完全将文物复制下来，反而可以在某些方面进行创新，包括结构、部件、比例、选材等。

（二）联想设计法在文创设计中的应用

运用联想设计法设计文创产品时，可以按照坐标轴法进行操作，以期实现产品的创新与升级。

首先，要广泛研究传统文化与历史文物，从中找到受到大众关注程度最高的内容。一般大众最感兴趣的文物主要是传统瓷器、传统名画等物件，这些就可以作为联想设计法的"A类备选"。

其次，要与目前社会上的企业联系，与现代生产技术接轨，了解时下最走俏的产品普遍存在于哪一行业。例如，对市场进行考察与分析，深入了解市面上售卖的各种物品的相关情况，包括饰品、灯具、电子产品、玩具、日用品、办公品等，哪一种类销量较高，制作技术要求较低，那么就可以将其作为"B类备选"。

最后，要制作一个直角坐标系，X轴与Y轴分别代表文物和产品，标记好它们的名称。再运用连线的方式，分别对其进行组合，对产生的组合进行分析，如果具有结合的可能性，并具有不错的市场前景，那么可以进一步为之制订详细的设计步骤与计划。如果二者的结合面临着较多的阻碍，或者二者的结合缺乏艺术美感与文化价值，那么就要寻找其他的思路。例如，X轴写上瓷器文化、戏曲文化、思想文化、礼仪文化，Y轴写上日常用品、办公用品、儿童玩具、书桌摆件等，对这些内容分别进行对应连线。这样就能够一目了然地看出创意的可行性，从中找到最适合做成文创产品的创意方向即可。

四、七问分析法

5W2H分析法，又叫七问分析法，由二战中美国陆军兵器修理部首创。它简单、方便，易于理解、使用，富有启发意义，广泛用于企业管理和技术活动，也有助于产品设计的创新与转型，在当今社会文创领域有着重要的借鉴意义。

（一）七问分析法简介

运用七问分析法，可以对目前所存在的问题进行针对性、科学性的解决，而主要的方式就是设问。

1. 七问分析法的基本内容

设问的内容原本包含七个方面（表3-2）。

表3-2

WHAT	是什么？目的是什么？做什么工作？
WHY	为什么要做？可不可以不做？有没有替代方案？
WHO	谁？由谁来做？
WHEN	何时？什么时间做？什么时机最适宜？

WHERE	何处？在哪里做？
HOW	怎么做？如何提高效率？如何实施？方法是什么？
HOW MUCH	多少？做到什么程度？数量如何？质量水平如何？费用产出如何？

（1）WHAT

WHAT 就是思考工作的主要内容与大致方向，如果是生产企业，那么就是思考其所要生产的产品是什么，或工作的重点是什么，等等。

（2）WHY

WHY 就是思考为什么要这样做，事实上也是在分析某种工作或活动的价值与意义，分析是否值得去这样做。

（3）WHO

WHO 就是思考由谁来做该份工作，由谁完成该项任务，是对于行动主体的选择，这一问题的关键与核心在于"人"。

（4）WHEN

WHEN 就是思考何时开始，找准最正确、最恰当的时机。如果时机不够恰当，即使选择了正确的方法，也很可能导致接下来的工作失败。

（5）WHERE

WHERE 就是思考在哪里开展工作，选择合适的地点。

（6）HOW

HOW 就是思考怎样去做，怎样去进行接下来一系列的工作，包括工作效率的提升、产品的创新、人员的管理，以及失败之后的应对之策等。

（7）HOW MUCH

HOW MUCH 就是思考：功能指标达到多少？销售多少？成本多少？输出功率多少？效率多高？尺寸多少？重量多少？

2. 七问分析法的主要优势

七问分析法具有许多其他方法不具备的优势，主要体现在以下几点。

（1）七问分析法能够瞄准问题，逐个解决，提升效率

在不使用七问分析法的情况下，人们很可能由于问题比较复杂，耗时比较长，在思考问题的过程中逐渐出现问题方向的偏差，如无法对主要问题准确定位，忘记最初想要解决的问题等，而导致效率低下。运用七问分析法，在思考问题之初就已经将所有的问题归纳为七点，并明确列出来，工作者时刻都能够明晰自己所要思索问题的重点之所在，不会因为其他干扰因素，而导致问题的界定模糊化，从而有效提升工作效率。

（2）七问分析法简单方便，容易实行

七问分析法只需要在工作中预先将几个问题列出，可记录在纸张上，也可用Excel 表格进行整理。之后，就可以针对几个主要问题进行头脑风暴，展开全方位的分析与思考。相比于其他的方法而言，七问分析法不需要外在条件，很容易操作，且易于理解。

（3）七问分析法条理清晰，避免遗漏问题

在开始七问分析法之前，工作者会把问题全部列举出来，条理十分清楚，按照顺序对七个问题逐个解决，这种模式能够有效避免问题遗漏。

（二）七问分析法在文创设计中的应用

在文创设计方面，可以对这"七问"进行适当的调整，应调整为如下内容（表3-3）。即"文创七问"。

表3-3　"文创七问"

WHY	为什么要进行文创设计创新？创新设计的价值是什么？
WHAT	设计创新的主要方向与主要内容是什么？
WHERE	要从哪里开始着手？
WHO	要由谁来承担产品设计的任务？
WHEN	要在什么时候开始进行？
HOW	要怎样实施设计活动？运用怎样的方式方法？
HOW MUCH	要达到怎样的目标和程度？

在文创产品设计活动中，应当严格遵循这"七问"，从而实现更加高效的开发与设计。

1. 要仔细分析和思考进行设计创新的原因

在当今的市场大潮之中，各行各业已经趋近于饱和，各种产业竞争激烈，同质化现象十分严重。一种新的产品想要"进军"市场，将会面临重重阻碍，如果创新的方案不够完善，那么很可能功亏一篑；只有在明确设计创新的原因的情况下，才能够根据主要问题，找到最准确的设计方向，实现产品创新设计的价值。

2. 要明确创新设计的方向

这就要求产品设计者先要明确自己产品的基本情况，了解自己产品的优势与劣势，同时还要全面考察市场行情，争取以产品的优势打入市场，尽量避免劣势。

3. 要找到市场的"突破口"

产品设计者一方面要针对市场的"缺口"进行设计，探寻和发掘目前市场缺乏的产品类型，以创新设计去填补市场中的这一空缺，有利于避免同质化竞争。另一方面还要与市场人员密切沟通，了解受众"口味"，针对性设计开发。

4. 要选对设计者

由于不同设计者的工作经历、个人喜好不尽相同，其产品设计的特点也有所差异。所以设计者各有其适合研究设计的产品类型，要由最合适的人来进行设计。

5. 要明确设计的时间

这与产品目前的基本情况相关，如果产品竞争十分激烈，那么要尽快进行创新设计，以增强自身的核心竞争力；如果时下文创产品的销量较高，可以先按照当下的设计方式继续进行，待到合适的时机再进行设计。

6. 要在宏观上对设计活动进行整体的把握

这是"七问"中关于设计活动的重要方面。要在宏观上对设计活动进行整体的把握，包括怎样改进，怎样设计成本较低，怎样设计效益最高，怎样才能既能保持外形的美观又能极具创意性，等等。同时也要在微观上对设计活动进行细致的分析，包括每一个设计环节的具体安排，不同环节的衔接，各设计环节的注意事项，等等。

7. 要思考文创产品设计的目标与程度

要思考文创产品设计的目标与程度，包括产品的规格与规模等方面。

五、模仿创造法

模仿创造法是一种由模仿引发物而设想出与其类似的创造物的创造方法。在文创产品设计与开发时，适当运用模仿创造法，能够有效提升设计者的思维发散度，增加创意思想产生的可能性。

（一）模仿创造法简介

1. 模仿创造法的内涵

在人类的创造活动中，模仿创造占有很重要的地位。日本物理哲学研究所所长薮内宪雄把人类的创造活动分为两个阶段：第一阶段称为初期创造活动，主要依赖于模仿，因此被称为模仿创造阶段；第二阶段称为后期创造活动，即在模仿创造的前提下进行再创造。这类创造往往突破模仿，成为一种独创。因此他认为人们只要稍加注意自己身边的事情，勤于思考，就能通过模仿来进行创造发明。也有学者认为，模仿创造就是人们对自然界各种事物、事物发生过程、现象等进行模拟和科学类比而得到新成果的方法。

2. 模仿创造法的类型

按照不同的形式与内容，模仿创造法可以被划分为机械式模仿、启发式模仿、突破式模仿。

（1）机械式模仿

机械式模仿，指将他人成功的经验全盘吸收过来为己所用的模仿方式，包括他人的生产方式、工作理念、管理模式等多方面的内容。这一模仿方式由于大量学习他人，所以缺乏独创性、创新性，基本上就是直接运用，也不进行修改。对于相同的产业，可以适当运用机械式模仿，其生产对象与生产方式基本相似，进行机械式模仿能够取得较好的效果。但是如果是不同类型的工作，切忌采用该种方式，否则只会出现生搬硬套的情况。

（2）启发式模仿

启发式模仿，顾名思义是模仿者受到被模仿者的启发，经过一定的加工、改进、创造而进行的模仿活动。在各企业的创新实践中，尤以启发式模仿的出现频率最高。另外，在自然界中也有许多值得我们去发现与模仿的事物。例如，目前在废水处理中应用的活性污泥处理法，就是运用了启发式模仿法发明的。

在自然界河川中夹杂的有机污泥流入海洋，海洋并不会因此受到污染。经科学家研究发现，海洋中生长着能消化有机物质的净化细菌，有机物质经它消化后变成水和二氧化碳，从而使海洋具有自净化作用。在这种自然现象的启发下，科学家们就把它借用到现在的废水处理上来。人们模仿海洋的自净化作用，设计了一种净化池，在池中放入有净化细菌的污泥，然后再鼓入氧气，使净化细菌大量繁殖，废水在净化细菌的作用下，变成无污染的净水。

（3）突破式模仿

突破式模仿，指学习原有事物的部分特性或特质，却不是照搬照抄，而是在其基础上有了明显的突破，促进其发生质的变化。这种方式虽然也属于模仿，但是由于比以往有了明显的突破，在某种意义上也可以被视为一种全新的创造。

（二）模仿创造法在文创设计中的应用

在设计文创产品时，可以适当运用模仿创造法，通过对含有丰富文化底蕴的事物进行模仿，往往也能够同时迸发出更多的设计灵感。在模仿创造法的具体应用中，主要包含四种途径，即形态性模仿、结构性模仿、功能性模仿、仿生性模仿。文创设计所应用的途径主要为形态性模仿，也就是对已知事物的形状和物态进行模仿而形成新事物。

目前我国文创产业已经有了明显的进步，早已度过 20 世纪末期"文创 1.0

时代"，如今的文创产品不再只是简单地模仿文物图案、文物形状这么简单。

有些卓有眼界、颇具创新意识的设计者曾制作出了许多令人感到震惊的新型文创艺术品，它们既具有历史文化底蕴，又有着新时代的创意，虽然有着对于文物的模仿痕迹，但是更多的却是由之延伸出的创新设计感。例如，故宫文创店推出的许多产品都具有这样的特征，包括故宫文创瓷杯、瓷瓶、茶具、摆件、笔墨纸砚等产品。

这些产品并不是对文物的复制，而是在专业设计师的努力之下，打破曾经文创的"藩篱"，走出一条创新之路，既吸收和转化传统文物中的文化元素，将文物背后深层的文化内涵完整表达出来，同时进行适当改变，具有一定的创新性与实用性，与人们的生活紧密相连，让受众在日常生活中享受文化的洗礼。

第三节　文创产品的设计流程

文创产品的大致设计流程如图（图 3 - 4）。

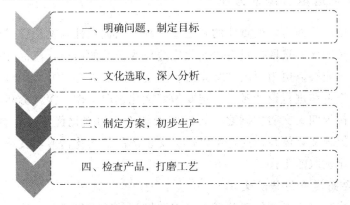

图 3 - 4　文创产品的大致设计流程

一、明确问题，制定目标

制定目标，是文创产品设计的第一步，只有明确目标，找准设计方向，才能够最大程度提升开发设计的效率，才能够充分迎合市场的需求。在文创产品正式开始设计之前，设计者必先明确设计目标，即"为了什么而设计"。

纵观近年我国文创产品的设计与开发历程，虽然取得了不小的成绩，但是也存在着不容忽视的问题。例如，有些文创产品在文化深度层面有所欠缺，只是一些文化的表层显露，而未涉及更深层次的文化精髓，包括印有文字的文化衫等。这类产品虽然也叫作文创产品，但是其文化导向性不足，缺乏文化感染力。又如，有些文创产品缺乏创意性，产品形式单一，同质化竞争严重，对消费者缺乏吸引力，销量较为低下。另有些文创产品实用性不足，虽然具有一定的文化性与创意性，却仍然无法受到消费者的青睐。

文创工作者在进行产品设计之前，应当先认清产品目前存在的问题，充分了解产品的基本情况，再根据实际情况与不足之处，制定科学化的目标。或许在产品设计之初，工作者会遇到各种全新的问题，这些问题令其感觉无从下手，但是只要对产品不断钻研，努力弄清其存在的问题与问题产生的根本原因，就能够找到明确的设计方向。如果产品在创意性上有所欠缺，就要制定提升创意程度的设计目标，包括聘请优秀设计师；与相关领域的专业人员广泛交流和沟通；运用互联网大量查询相关资料；等等。如果产品在文化性上有所欠缺，就要制定扩充文化底蕴的设计目标，包括挖掘产品内在的文化底蕴等。当然，如果是产品的实用性不足，则要求设计者针对产品的实用性进行设计，强化产品与人们日常生活之间的联系，让人们改变固有"文创产品不实用"的观念。

二、文化选取，深入分析

对于文创产品而言，最重要的就是要实现产品创意性与文化性的结合，其中最关键的就是文化的选取，只有以文化底蕴作为产品的内核，产品才能够具有核心竞争力，才能够以更为深沉的文化力量引起他人的共鸣，并吸引消费者。这就要求文创工作者在进行设计时，一定要做好文化选取工作，深入分析和发掘文化内涵。我国作为四大文明古国之一，具有无与伦比的文化优势，有着历史悠久、灿烂非凡的传统文化体系，这都可以作为文创产品的文化借鉴与文化来源。设计者应做好文化选取的工作。

（一）要高度重视传统文化

认清传统文化所包含的重要意义，把弘扬与传播中华民族传统文化与文创产品的设计开发工作联系起来，将其当作一种责任与义务，深挖文化与产品之间的内在联系，找到更多可以运用的文化素材。

（二）要广泛研究和吸收传统文化

尽可能多地为文创产品找到丰富的文化元素，如吸收汉字图样元素。在产品设计中充分结合汉字图样元素，这不仅是对传统文化的传承，更是凸显艺术美感的需求。在设计的具体实践中可以对汉字图样进行必要改动，以迎合产品设计的需要。又如，吸收传统节日元素。我国历史悠久，节日众多，每一个节日都包含着大量的民间习俗与民间故事，同时也有着各自的情感寄托与文化元素。在设计时可基于这些节日的元素进行融合创新，包括对联、剪纸、布老虎等，从而使得文创产品与节日文化相契合。再如，吸收书画作品元素。古人素来注重写意，这在书画文化中更是如此。古人挥毫泼墨也是他们抒发情感的重要方式与手段，书画作为传统文化的重要艺术代表，可以成为文创产品的重要文化元素，包括以水墨色彩为主元素去融合产品设计，凭借传统书画独特的意境带给消费者无限遐想等。

总之，文创工作者必须要充分了解文化，并审慎做好文化选取工作，将赋予产品的优良文化加以利用，加以转化，促进文化与产品二者的融合。文创设计合理获取文化元素加以创新，这不仅是对传统文化表现方式的升华，更是对其传承路径的拓展。

三、制定方案，初步生产

制定方案，是文创设计的第三步，由于前两步已经制定了明确的目标，并找到了合适的文化元素，接下来就要付诸实践，制定初步的设计方案，实现构想。在设计方案的制定过程中，要遵循如下两点原则：

第一，坚持原创性原则。任何文创产品都要有高度的原创性，避免对文化的照搬照抄，既要对文化有所借鉴，借鉴文化中的精髓与本质，又要适当进行创新，避免创意沦为空想。

第二，坚持需求性原则。任何产品必然要有一定的市场需求，才能够在市场中有销量，才能够在竞争激烈的大环境中"生存"下来，所以文创产品要以需求为导向，在明确目标的前提下，尽量迎合市场需求。同时还要注意，市场时刻处于变化之中，曾经火爆的产品不一定在今天仍然火爆，要善于察觉市场中细微的变化，以需求性作为文创产品设计的重要指导原则。

具体到设计方案的制定，有如下几种设计方式。

（一）以功能为主的设计方式

这种设计方式强调文创产品的功能，认为实用的功能是一切产品的基础。

（二）以趣味为主的设计方式

这种设计方式强调文创产品的趣味性与可玩性，该方式的主要受众为年轻群体。年轻人接受新事物较快，同时喜欢带有娱乐属性的产品，这能够为他们的生活增添几分乐趣。应当以年龄、性别等作为设计的参考要素。例如，从年龄出发，不同年龄人群对趣味有着不同程度的需求，儿童和少年可能更注重外形颜色，而青年与中年可能更加注重产品本身带来的趣味感受与体验。

（三）以演绎故事为主的设计方式

这种设计方式强调"讲好故事"，也就是通过设计，增强文创产品对文化、故事的表现力，从而有效激起消费者的共鸣，这也是比较常见的一种设计方式，对于设计者有着较高的要求。

在制定方案时，要遵循以下步骤：

1. 制作草图

要由文创设计者预先设计好产品的草图，包括产品的各种规格参数，以及应当选取的质地材料等。

2. 明确生产计划

要由生产管理人员提前制订生产计划，包括生产流程的规范、生产流程的顺序、参与生产员工的组织安排等。

3. 进行初步生产

生产过程由设计者全程监督，以防出现与规划不同的情况，待初步生产结束，产出部分成品之后，要对成品进行分析与实验，以进一步提升文创产品的质量，这就要进入下一流程。

四、检查产品，打磨工艺

每当第一批文创产品生产出来之后，设计者要对其进行全方位检验与分析。

（一）要检验产品是否与预计的目标相一致

产品的形状、外观、颜色等要素是否符合预期，是否存在技术导致的问题，如果有技术性问题，必须要在第一时间解决。例如，检查制作产品应用的设备，检查制作流程是否合理，等等。

（二）要仔细审视文创产品是否能够深刻体现设计者所要表达的产品背后的文化元素

任何文创产品必然是根据宝贵的历史文物设计而来，其设计灵感并非凭空产生。所以，是否能够体现产品背后的文化性是重中之重，如果缺乏文化内涵，则意味着产品不具备成为文创产品的特质。

（三）要检查产品是否具有一定的创意性与实用性

如今已经进入了文创产业的大转型与大变革时代，用户对于文创产品的要求也越来越高，如果不具备实用性，则与多数用户的消费理念不符。

（四）要分析产品的质地材料是否合适

任何文创产品都要选取最为适宜的材料。例如，制作书签类产品最好选用金属材质，因为金属材质不容易变形也更有质感；制作茶具类产品最好选用陶瓷材质，这样更有质感，与古人品饮时所使用的茶具在外观上也比较相似，更能够带给人以真切的相应文化感受，等等。如果用料不合适，还要将原来的工艺"推翻重来"，并进行重新设计，直到产品的工艺达到最合适的程度。

第四章 图书馆文创产品的设计开发

第一节 图书馆文创产品的概况

一、图书馆文创产品的主要优势

当代社会，人们物质需求已经获得比以往任何时候都更加充分的满足，人们把目光开始转向了精神需求的领域，具有丰富文化内涵的文创产品自然备受消费者的青睐。

图书馆以其特有的优势，在设计与开发文创产品的"征程"上发挥了重要的作用，具体来看，图书馆文创有着广阔的发展前景，主要体现在以下两方面。

（一）图书馆具有丰富的文化资源

图书馆作为"文化的宝库"，收藏有大量的书籍，而书籍作为文化最主要的载体，涉及诸多门类，凝结着书籍作者的心血，饱含极为丰富的文化内容。图书馆中馆藏内容众多，并非只有图书这一种，还包括刊抄、方志、家谱、拓片、碑帖等，以上每一种文化载体都有着丰富的文化脉络，能够体现相关领域的文化因素，是可靠的文化资源。

例如，国家图书馆存有金石拓片、敦煌遗书、少数民族古籍等。这都属于图书馆进行文创产品开发的文化资源。金石拓片，是产生于距今两千多年前的一种文字载体，古人将文字记录在龟甲上，此为殷商人的重要习俗之一。敦煌遗书，是敦煌莫高窟中发掘出的一批书籍，记述的内容多为佛经，此外还有少量其他内容。可见，这都属于图书馆收藏的重要文化资源，是进行文创设计与开发的显著优势。

（二）图书馆具有政策优势

图书馆是城市中重要的公共文化场所，各行各业的人士都可以在此与其他人自由地进行文化上的沟通与交流，因此，政府十分重视图书馆的发展与建设工作。

近年尤其是 2015 年以来，在党中央的正确领导之下，政府相继出台了诸多有利于文化事业发展与建设的新政策与新举措，有效推动了图书馆的发展。在这样的背景下，各地区的大型图书馆都有着一定的政策优势，它们有政府所提供的更加优质的发展环境，无论是在图书馆场所的扩建，还是文化资源的搜集与整理过程中，都有了明显的突破，其中又有些图书馆伴随政府的支持与鼓励"乘势而上"，进行各项改革，并致力于结合自身资源优势，进行开发文创产品的尝试。

二、图书馆文创产品的开发历程

文创产品以文化为载体，以创意为特点，深层展现文化所蕴含的感染力与影响力，结合市场营销与推广等活动，不仅能够促进经济产业蓬勃发展，还有助于满足广大人民群众的精神需求。近年来，我国文创产业开展得如火如荼，文创产品比比皆是，而图书馆文创产品是其中重要的组成部分，这主要是由于图书馆的特殊文化属性所决定的，所以做好图书馆文创也是至关重要。

进入 21 世纪以来，党中央越来越重视文化的作用，2014 年夏季，国家图书馆开始系统挖掘自身馆藏资源，进行文化创意产品开发。因此，国家图书馆（以下简称"国图"）可以算作我国图书馆文创产业的"先行军"与"开拓者"，充分发挥了带头作用，其国图文创艺术品商店的建设更是饶有新意，成为之后其他图书馆进行文创发展争相学习的典范。

经过几年的发展，如今的国图通过进一步挖掘藏品文化底蕴，融入特色文化，开发和探索新型文创产品，已经设计出了 130 多种优秀的文创产品。例如，复制品和礼品系列、卡通系列、集邮系列、生活文化用品系列、研学游系列，等等。

同时，国图注重网络店铺的建设，创建了文创网络商店，在网络上售卖图书馆相关的周边产品，向消费者传播优良传统文化，这在销售模式上无疑是一个重大突破。有关部门也看到了国图所取得的一系列成绩，并出台相关规定，为国图文创产品的继续研发助力。例如，2017 年 1 月 9 日文化和旅游部发布通知，国家图书馆、首都图书馆等 36 家公共图书馆被确定为文化创意产品试点单位；次年 1 月 1 日《中华人民共和国公共图书馆法》正式实施，对图书馆文创产品的发展起到了一定的鼓舞作用。

三、图书馆文创产品面临的困难

文创产品有着重要的文化传播意义，能够帮助普通大众以更多方式了解文化和认知文化，我国文创产品在近些年也确实有着明显的进步。但不可否认的是我国图书馆文创产品的设计与开发仍然处于初级阶段，仍然存在着一些不容忽视的问题。正确认识这些问题，准确分析，并提出建设性意见，能够有效推动图书馆文创事业的进一步发展。

（一）产品设计缺乏新意

文创产品要以创意为重点，以创意性作为引导，着力发掘产品的创新点，以创新吸引消费者的眼球。图书馆文创产品一般以图书馆藏资源为原型，由专业人员对其进行分析，并进行创新设计。由于图书馆馆藏产品的数量与种类都有一定的限度，不可能满足越来越多的设计活动，难免会出现产品缺乏新意的情况。

目前，我国部分图书馆文创产品已经出现同质化现象，而且有些产品外观与功能十分相似，这种"千馆一面"的现象亟待解决。例如，将馆藏文化形象复制在笔记本、帆布包、服饰等快销产品上，表现形式大同小异，文创产品结构有待优化。这种将馆藏标志复制在文化生活用品上的开发模式，制作简单且艺术表现力不足，区域特色与馆藏文化体现不够，缺乏新颖的产品创意。

（二）产品缺乏科技含量

21世纪科学技术成为时代主题，尽可能提升科技含量，增加科技感已经成为许多产业的追求。在文创领域，许多企业开始提起科学技术的关注度，注重吸收技术人才，注重提升产业水平，注重增强创新能力。其中，有些企业确实取得了一定的成绩，其设计与开发的文创产品不仅包含丰富的文化内涵，还具有大量科技含量，既与时代接轨，又为文创产品赋予了较高的科技水平。如此一来，必然有众多的消费者乐于"买账"。例如，国家图书馆在这一方面树立了较好的榜样，曾与阿里巴巴公司合作开发的"翰墨书香"便携式书法用品盒收获了受众的一致好评，巧妙结合文化元素与科技元素，实现了文创产品设计与开发的新突破。但是，有些图书馆文创产品却在此存在着一些问题，即产品缺乏科技含量，对高新技术的利用很少。所以在未来的图书馆文创设计方面，应当进一步提起对于科技的重视，进一步提升科技含量，为馆藏资源注入新的活力。

（三）配套政策不够完善

在愈发注重文化发展的社会大背景之下，相关部门已经制定了许多与文化事业相关的政策法规，这无疑对我国的文创发展提供了一系列强力保障，也体现出党中央对于文化体系构建与文化产业推进的极大重视。但是由于我国文创产业的发展历程还比较短，部分地区个别文创产业的具体政策还较为模糊。例如，企业内部的人事管理条例、奖惩措施、人事问题，以及如何划分图书馆和企业间的权责，如何管理、激励文创工作人员等问题还有待完善。

第二节　图书馆文创产品的种类

相比于其他新兴产业与博物馆而言，图书馆所设计和开发的文创产品无论在类别还是数量上，都少于前者。但是随着近年图书馆行业的发展，国内许多图书馆也在努力进行文创产品的研发，一是可以提升图书馆的知名度，二是可以有效传播和弘扬图书所蕴含的文化内容。具体来讲，图书馆的文创产品主要包含如下种类：书籍复制品类文创产品、以图书馆自身为文化资源而设计的衍生类文创产品、体验类文创产品。

一、书籍复制品类文创产品

图书馆中馆藏最多的品类为书籍，以及其他形式的记载资料。以书籍为主要的文化资源，是图书馆文创产品设计最主要的方式。与博物馆相比，图书馆虽不具有种类丰富的历史文物，但是其收集的文化价值不菲的古籍与世上罕见的文化资料，也极具创造意义，属于潜在的文创资源。

然而，由于众多文化意义非凡的书籍和资料都经历了悠久的岁月，其记载方式又比较原始，在保存上有着更高的难度，专业工作人员既要妥善保管这些历史文物，又希望将这么文化传播和弘扬出去，那么将其作为文创产品，以文创的形式与人们接触，提高社会影响力，则是一个可行的方式。这也正如学者程传超所说："图书馆的馆藏资源不乏一些有历史价值的古籍和非常罕见的文化资料，这些资料长期保存在书库中，不属于读者可以日常借阅的内容，因此文献的传播面非常狭窄，导致一些优秀的文化资源得不到传播和利用。如果图书馆能将这部分珍贵的、不能公开借阅的文化资源，采用现代印刷和信息技术，制作成现代版或者电子形式，便是很好的文创产品，不仅满足了广大读者的兴趣，而且扩大了文化的传播范围，使人们更好地了解传统文化。"[①]

笔者认为，将书籍复制品作为文创产品可以有两种主要的方式：第一种方式，就是把书籍中所记载的内容（各种历史故事、历史事件等）体现在产品上；第二种方式，就是将书籍本身（历史古籍的原貌）进行复原、复刻，以更加生动的形象，体现出文物所带有的历史厚重感与沧桑感。同时，在制作时应当巧妙结合现代技术，这也是对消费者越来越高的科技性需求的一种满足。

目前，图书馆文创产品仍以书籍复制类产品为主，这在国家图书馆得到了很好的体现。国家图书馆作为我国最重要的图书馆之一，担当着文化宣传与弘扬的光荣使命，利用其特有的馆藏资源优势进行了大量的文创产品开发工作，不仅取得了良好的社会反响，还为其他图书馆"亲身示范"了一条创新发展的新路线。据有关资料表明，2004 年国家图书馆就已经有了制作文创产品的初步构想，这与我国文创产业起步的时间大体一致，可见其走在文创发展的"时代前列"。

国家图书馆将馆藏文化资源进行了详细的分类与研究，并提取资源中能够被

---

① 程传超，周卫. 图书馆文化创意产品开发研究 [M]. 长春：吉林人民出版社，2020：52.

有效利用的部分，结合文化资源自身的特性与当代科技水平，加入一定的创意，设计出诸多深受广大群众喜爱的创意类产品。例如，国家图书馆专业工作人员经过深入研究与广泛调查，出版了《中华医藏》《翰墨流芳》《孔子庙堂碑》《绝妙好词》《赵城金藏：金刚经》《簪花仕女图》《捣练图》《虢国夫人游春图》等优秀文创产品。在工作者的努力下，这些以宝贵文化为主体的产品，以更加现代化、多样化、创意化的方式体现出来，使现代人能够理解，更使得古代优秀文化与历史得到广泛传承。

二、衍生类文创产品

衍生类文创产品，指与图书馆相关，并非直接体现文化资源特性，而是从侧面反映其相关文化，设计开发而成的文创产品。主要包含以下两种类型。

（一）以图书馆自身为设计思路的文创产品

图书馆都有其自身的发展"脉络"，每个图书馆都经历了独特的发展历程。经过若干年的发展，尤其是具有一定历史底蕴的图书馆往往具有其自身的文化积淀。图书馆从自身文化积淀出发，以自身为原型和模板，也能够设计出具有一定巧思又有一定文化底蕴的产品。在设计中，专业人员可以将图书馆的发展历史、制度变革、重大事件、重要任务、理念转变等信息作为文创产品的创意来源。

例如，有些图书馆的发展史比较悠久，曾经历许多"大事件"，每一个"大事件"背后往往都有相关的故事，这就可以成为产品的创意来源。又如，有些图书馆在发展历程中曾经经历某次重大变革，这使得图书馆迈上发展的"新台阶"，这种重要的转折同样值得设计者的注意。

所以，含有图书馆相关历史、理念的产品也具有十分丰富的文创意义，它们除了是文创产品之外，也是图书馆形象与历史的体现，展现出图书馆的文化特色与发展历程，可以从多方面影响受众的内在心理体验，具有诸多意义。

（二）以书籍载体为设计思路的文创产品

纵观我国文字与书籍的发展历史，它们曾经有着丰富的物质载体与表现形式。在上古时期，人们的生产力水平较为低下，人们采用结绳记事法，后来古人掌握了一定的剥皮与磨骨技术，开始制作骨器，并在上面刻画符号与图形。随着时代发展，人们的文字记载方式也取得了明显的进步，最为重要的莫过于殷商时期已经比较完备的甲骨文，这时的人类开始把各种事件记录在龟甲和兽骨之上，之后人们又把文字写在各种竹制品上制作成书籍。

总之，历史上勤劳智慧的先民曾运用多种物质作为文字记录的载体，虽然这些方式的效率无法与当代的印刷技术相比，但是却代表了中华民族宝贵的文化与技术。图书馆也可以将馆藏资源的物质载体抽取出来加以利用，如将这些物质载体运用到产品设计当中，表现为龟甲和兽骨的形式。

此外，其他手法记录的文化资源也可以以现代的形式表达出来，如雕刻艺术、剪纸艺术等。如此一来，图书馆不仅有效宣传了文化，让更多的受众了解平日难以接触的文化，还能够使这些濒临失传的文化记录手法得到传承，更带动了相关产业的发展。

三、体验类文创产品

体验类文创产品主要包含两种，一种是以科技手段为技术支持，融合了多媒体技术的体验类项目，另一种是馆藏资源的体验与实践类产品。

（一）多媒体技术体验类

在科学技术水平不断提升的当代社会，各行业都在努力结合新技术、新手段，以促进行业实现一定程度的创新，从而吸引更多的消费者。其中，利用现代媒体技术，给消费者提供一种身临其境的感受，给他们带来真实、生动、强烈的多感官体验，成为一个热门和趋势。

在文创领域，也有不少专业人员致力于现代技术与产品的融合。例如，北京市海淀区旅游委与国家图书馆合作推出"阅读之旅"夏令营活动，特地开发面向小学生的研学计划。该计划要求，以图书馆馆藏资源为主要内容，以多媒体科技为手段，让学生参与传统印章活动，深刻感受和体验传统文化与传统工艺的魅力。

同时，还借助新媒体技术（VR眼镜、裸眼3D）让人们产生更加逼真、生动的现场感受。另外，山西省图书馆特别开设3D打印文化创意公共服务平台，利用新技术满足消费者亲自设计文创产品的需求，等等。

（二）馆藏资源体验与实践类

部分省市级图书馆在国家图书馆的影响与号召之下，积极利用其各自的地域优势与文化资源，努力开展各种各样丰富多彩的体验类文创产品。例如，河南省图书馆遵循了与其他产业融合发展的模式，设计出了一些与旅游相结合的新项目，开发出文创旅游的合作模式，在传统的旅游业中增加了文化元素，让消费者在旅游中学到了当地的文化传统，体验了当地的产品创作。南京图书馆也开展了让消费者亲自制作文创产品的体验活动。消费者亲自设计和制作，设计出独一无二的专属文创产品。除此之外，还开展了各种形式的学生实践活动，从小培养其文创意识。[1]

---

① 程传超，周卫. 图书馆文化创意产品开发研究 ［M］. 长春：吉林人民出版社，2020：56.

四、地域特性类文创产品

华夏大地疆域辽阔、地大物博、资源丰厚，在这一片乐土上，不同的地区由于不同的地理环境与生活习惯，产生了不同的文化体系，并且在历史进程中书写了不同的"诗篇"。

如今，我国各省市自治区的公共文化服务建设都比较完善，各地都有其专门的图书馆，以及其他文化类场所。图书馆可以深挖当地文化资源优势，以地域特色作为文创产品设计与开发的重点要素，结合当地的地域特色、民风民俗、历史典故等内容，创造出颇具历史韵味、文化积淀的文创产品。同时，依据当地特色设计的产品，对于向外推广与宣传地方文化也起到了积极的作用。通过图书馆文创工作与旅游工作的联合，也能够将当地文化产品更好地展现给消费者。

第三节　图书馆文创产品的实践

在图书馆文创产品设计与开发的实践活动中，必须要遵循如下几点原则，只有在特定的要求之下，才能够更加充分挖掘图书馆文创产业的潜力，创造出更多更加优质的文创产品。

一、尊重差异需求

图书馆文创产品所面向的受众与消费群体是社会中的各类人群，这类人群涉及各个年龄阶段、各个职业阶层，不同的人群有着不同的兴趣点和需求点，所以在产品设计实践开始之前，专业人员就应当明确，一定要根据消费者的需求进行设计开发，要做到尊重差异需求。一定要对受众进行广泛调研与深入分析，通过细分消费者，使得文创产品具有更强的针对性，也只有产品有了针对性之后，才能够更好地满足社会中各种消费者的需求。那么，怎样才算是一个成功的文创产品呢？

笔者认为，主要应当以年龄、职业、性别作为划分标准。对于幼儿而言，图书馆文创产品的封面包装、内部设计都要具有一定的趣味性，颜色搭配要以明亮的色调为主，图案则要以卡通形象为主。同时，还要注意选用安全、卫生、环保、无公害的材质，这样才能更好地吸引幼儿的目光，提升他们对于文创产品的兴趣。

对于青少年而言，青少年群体正处于青春期，他们有着强烈的好奇心与求知欲，文创产品可以以科普类产品或科技类产品为主，让他们在阅读文创书籍的同时，进一步激发他们的想象力，提升他们的创造力。

对于中老年人而言，他们更加注重产品的实用性、价值性，所以文创产品要有着更加明显的文化性，充分体现其收藏价值，并且尽量具有一定的实用性。目前国家图书馆的部分文创产品做得比较好，对不同的人群有着不同的侧重点。例如，针对少年儿童设计了吸引他们兴趣的益智类文创产品，包括画册、拼图、文具等。又如，针对女性消费者的居家及手工文创产品。此外，图书馆还开发了许多文创培训课程，分别针对不同的受众群体，深得消费者的喜爱。

尊重差异需求，要做到如下几点：

第一，图书馆文创工作人员要明确分工，由专人负责市场调研，摸清受众的细分市场，并通过多种方式搜集资料，掌握受众的基本信息与消费倾向。

第二，产品设计者要对调查专员所搜集和整理的各种资料进行汇总，并以专业的视角和专业的技术手法，对产品进行创意性设计。

第三，要及时总结反馈消费信息，并进行适当调整，促进文创产品的进一步创新。

二、利用馆藏资源

图书馆应当全面高效利用馆藏资源，无论资源属于哪一门类，只要包含着较高的文化价值，就能够对文创设计提供有效借鉴。馆藏，是图书馆所收藏的优秀文化的集合，只有对其进行充分挖掘，才能够获得源源不断的灵感。需要注意的是，馆藏并不是人们常规所认为的那样，只是包括一些老旧的书籍，而是还包括与书籍相关，以其他形式记录文化内容的各种资料。

在我国，不同的图书馆馆藏资源的数量和种类有着明显的不同，藏品数量最多的一般为各省级图书馆，囊括了省内的优质资源，集中保存了当地民众生产生活与社会风俗的历史资料。

作为文创领域工作者，必须要重视馆藏资源，并学会利用馆藏资源，从这些资源中寻找亮点，就一定能够找到最容易吸引受众的关键点。图书馆要注重馆藏资源在文创产品中的作用，注重资源的挖掘和利用，参照消费者的消费模式和消费行为设计出有创意的文创产品。根据馆藏资源进行文创产品的开发，使相对封闭的馆藏资源的精华以文创产品的形式进入消费者的视线，对文化的传播和学习提供了崭新途径，也是图书馆延伸业务的一种新形式。①

利用馆藏资源，要做到如下几点：

第一，要全面整理和了解馆藏资源，对资源根据不同的划分方式进行归类，如文学类、艺术类、工艺类、思想类、科学类等，并有专业的工作人员对不同类

---

① 程传超，周卫. 图书馆文化创意产品开发研究 [M]. 长春：吉林人民出版社，2020：78.

别的资源进行更加细致的划分，在各类别之中找到文化内容丰富、文创潜力丰厚的资源。

第二，要针对优质资源进行进一步分析，将其中能够被开发和利用的资源单独进行创新性研究，高度重视馆藏资源所蕴含的文化积淀，将其与产品的设计开发方向巧妙结合起来。

第三，要注重历史性与趣味性的结合。众所周知中华民族历史悠久，文化脉络从未间断，在中国历史上产生了诸多辉煌的优秀资源，有许多都值得我们去学习与利用。但是对于目前绝大多数的年轻人而言，他们更乐于接受具有时代性的新文化，他们对这些传统文化的兴致或许并不高涨。所以文创产品要在具备文化性的同时兼具趣味性，要运用专业的技术和手段，为文创产品赋予更强的吸引力。

三、体现地域特色

我国疆域辽阔、民族众多，不同地域经过漫长的岁月演变，伴随着广大劳动人民的实践与创造，产生了各具特色的地域性文化。无论是在风土人情还是餐饮习俗方面都有着明显的差异，而这些差异恰恰是各地域文化特点的集中体现，所以从各不相同的地域文化入手，将其作为文创产品的内在文化元素无疑是一个颇具创新性的研究方向。

文创产品就是应该结合地域文化进行创新，将地方的发展历史、传奇故事及人物传记等通过文创产品的形式加以传承。[①] 具体来讲，我国西北部地区气候干燥，风沙较大，环境比较恶劣，为了在这样的环境下生活并发展，西北人民居住在窑洞之中；我国东南部地区气候湿润，雨季较长，一年四季都比较潮湿，人民居住在这里很容易导致湿气入体，为了应对这样的环境，东南一带的居民则居住在吊脚楼中，有效缓解了潮湿环境对身体的危害。这都属于古代人民在长久劳动实践中所创造的文化。又如，我国钱塘江流域与太湖流域为重要文明遗产良渚文化的发源地，当地曾出土大量文物，包括历朝历代的璧、琮、冠形器、玉镯、柱形玉器和玉钺等。所以涉及良渚文化圈的诸多城市（嘉兴南、上海东、苏州、常州、绍兴、宁波一带）多数都在本市的图书馆内藏有大量的相关典籍文物。

再比如，龙山文化泛指黄河中下游地区的文化遗存，大约相当于当今的河南、山东、山西、陕西等省份，以上省份的部分图书馆中也有着丰富的龙山文化相关的资料。对于具有地域性文化资源优势的图书馆而言，它们可以对这些文化进行进一步研究，而且并不仅限于书籍，甚至可以设计出更加丰富的文创产品，

---

① 程传超，周卫. 图书馆文化创意产品开发研究［M］. 长春：吉林人民出版社，2020：80.

这既能够激发外地人的文化兴趣，又能够引发本地人的文化共鸣。目前四川省图书馆就巧妙运用当地的文化优势，以杜甫元素、"国宝"熊猫元素作为文化资源，开创了颇具特色的文创产品，并收获了广大消费者的一致好评。

体现地域特色，要做到如下几点：

第一，图书馆工作人员要通过多种渠道（书籍、网络、调研、考察等），去了解、研究、发掘当地的文化内容，包括当地的历史文化、思想文化、建筑文化、饮食文化等，并将这些文化进行系统性的整理。

第二，文创设计者要充分了解目前市面上比较流行的文创产品类型，要充分了解图书馆馆藏书籍所涉及的领域，再将书籍与热门文创产品进行结合的同时，加入当地的文化特色。例如，广东地区可以将其当地的粤语、庙会、祭祀等文化元素融入文创产品，而内蒙古地区可以将其当地的草原文化作为文创卖点，融入文创设计中，开发出具有当地性的优质产品。

四、融入科技因素

自 20 世纪中后期开始，世界各国都愈发重视科学技术的重要性，都清楚地认识到科学技术对国家各项事业推进，以及产业转型与升级所带来的积极作用。于是各国开始大力发展科学技术，这涉及自然科学的诸多领域，包括物理学、化学、生物学等方面。进入 21 世纪，科学技术迎来再一次的发展高峰，人类已经进入信息时代，在这样的时代下，科技水平与人才经济已经成为各行业最为重要的竞争点，谁掌握了高新技术谁就掌握了引导行业发展方向的"指挥棒"。

如今许多行业开始将科技因素融入其自身产业之中，力图以科技促进产业的创新与发展。例如，医学领域广泛采用最为先进的检测设备与医疗器械，实现了一定的突破；日用商品结合科学技术，使人们日常生活更加信息化与智能化，包括电动牙刷、电动按摩椅、智能扫地机器人、智能洗碗机等。而近年由于我国越来越重视文化建设，要求着力打造社会主义文化强国。所以越来越多的科研人员与企业人员开始把眼光放在文化产品的创新研究方面，承载着大量文化内涵的文创产品便逐渐被赋予了越来越多的科技因素。在图书馆文创产品的设计实践中，相关工作人员也应当努力融入科技因素。例如，图书馆可以针对时下年轻人比较繁忙，缺乏阅读时间的特点，创新设计数字化的节约材料，满足消费者随时随地阅读的需求；也可以与其他行业进行联合发展，包括与旅游产业协同发展，开发和设计出针对游客的地方特色文创产品，等等。

总之，图书馆文创产品与科学技术融合，能够开辟出一条新的"文创路径"。所以文创产品必须要紧跟时代步伐，一方面要重视文化，努力传承与弘扬传统文化；另一方面要重视科技，努力提升科技水平，致力于二者的融合。近年人工智能技术取得了广泛的发展，并在一些领域进行了技术融合，图书馆文创产品可以对此进行效仿，将人工智能技术广泛应用于文创产品之中。例如，可以设计开发出针对儿童的智能陪伴机器人，在内部芯片中将传统文化故事、国学经典内容融入其中。又如，设计数字化图书馆，让更多读者了解平常少见的文化资源。再如，将著名的书法作品以电子化形式进行展现。或者将一些文化资源录制成小视频的形式，并以二维码的形式出现在文创作品中，扫描二维码消费者可以得到更多的知识，加深了消费者对文创产品的理解。[①]

融入科技因素，要做到如下几点：

第一，图书馆文创设计者先要对馆藏资源进行分析和研究，找到最适合与科技要素进行融合的文化资源，将其作为备选文创产品。

第二，以头脑风暴等方式，充分思考应当为文化资源加入何种科技因素。

第三，与相关科技产业达成共识，共同致力于文创产品的创新开发。

---

① 程传超，周卫. 图书馆文化创意产品开发研究 [M]. 长春：吉林人民出版社，2020：82.

第五章 博物馆文创产品的设计开发

第一节 博物馆文创产品的概况

一、博物馆文创产品的发展历程

我国博物馆文创产品的发展历程大致可以分为四个阶段，分别为萌芽阶段、起步阶段、快速发展阶段、转型阶段。在每一阶段，博物馆文创事业都有着明显的不同，总的来看，博物馆文创产品无论在种类还是数量上都处于持续增加的过程。

（一）萌芽阶段

我国博物馆文创产品的萌芽与我国博物馆的发展具有一致性，可以说博物馆文创产品是伴随博物馆事业的发展而发展起来的。20世纪90年代，我国经过了十多年的改革开放高速发展期，经济水平有了明显提升，在民众的物质需求有了基本的满足与保障的情况下，党中央也更加重视民众的精神文化需求。

为了有效提升民众的文化程度，增强社会文化风气，促进精神文明建设，我国开始大力推动博物馆的建设工作。在这一阶段，我国博物馆数量激增，尤其在省会城市中得到明显的体现，除了一般综合性的省级市级博物馆之外，城市之中还出现了一批特殊性质的博物馆，如汉字博物馆、书法博物馆、珠宝博物馆、绘画博物馆、泥塑博物馆，以及各种名人博物馆等等。总之，博物馆已经逐渐吸引了公众的注意，成为人们放松心情、短途旅游、休闲娱乐的主要去处。

同时，这一时期来我国旅游的海外友人也越来越多，他们来到中国后，都想要体会最具中国特色的文化，那么博物馆理所当然成为他们的首选。在博物馆中，他们可以观赏极具文化内涵的各种藏品，能够从中感受中华民族的灿烂文化。

需要注意的是，这一时期恰逢英国文创产业蓬勃发展期，西方的文创产业对于我国也有着一定程度的影响。同时，伴随着博物馆事业不断推进，这种文创的理念与构思逐渐渗透到博物馆之中。

于是，博物馆文创产业开始进入萌芽期，有些博物馆为了更好地体现其自身特色，更全面地展现博物馆的优势资源，开始设计文物复制品和与文物相关的明信片等产品。不过这时毕竟文创产业才刚刚起步，所以只有少数博物馆有相关产品，并且设计理念也比较单一，层次也并不高，对于受众的吸引力自然也不够充足，不过这种情况在21世纪初便有了改观。

（二）起步阶段

21世纪初，我国博物馆文创产品的开发愈发正规，开始进入了正式的起步阶段，这与国家经济实力的进一步提升，以及有关部门的高度重视不无关系。正如《博物馆发展论丛》所论："进入21世纪，随着国家经济实力的增长，各地博物馆大力发展硬件设施建设，改善参观环境，增添现代化设施，使博物馆在硬件上基本实现现代化，博物馆开始注重全面提升自己的'软件'水平。"[①] 例如，有关部门注重提升博物馆工作人员的整体素质，对其进行全面培训，加强队伍建设；增强博物馆与观众的互动，提升博物馆体验的趣味性与多元性，等等。

2008年，中央四部委联合下发了《关于全国博物馆、纪念馆免费开放的通知》（以下简称《通知》），《通知》的下发使得博物馆摇身一变成为人们眼中的"香饽饽"，当年进入博物馆游览的游客数量迅速攀升，博物馆的热度明显提升，据统计每馆的观众比此前平均增长了50%—70%。受众的增加给博物馆工作人员与有关部门打了一剂"强心针"，他们开始意识到，博物馆也应当开发更有特色，更受群众青睐的文创产品，以满足人们的消费需求和文化需求。

在这一时期，博物馆所开发的文创产品多为纪念性质的产品，包括明信片、书签、钥匙链、冰箱贴等，其中所体现的文化元素多为馆藏文物，不过设计感还略显单薄，普遍体现为对馆藏文物外形原封不动地复制，虽然能够让人一眼认出其文化属性，但是却缺少了创意性与趣味性。同时，由于部分博物馆的馆藏文物比较相似甚至完全一致，如河北省博物馆、定州市博物馆都藏有"金缕玉衣""长信宫灯"等文物复制品。这就导致有些博物馆的文创产品具有很明显的同质化倾向，许多产品乍一看上去基本就是一样的；加之这时许多博物馆还没有清晰明确的精品意识，做工不够精细，所以博物馆文创产品的销量普遍不高。

（三）快速发展阶段

2010年至2018年可以看作我国博物馆文创产品的快速发展阶段，在这一时期，一方面随着大量产品设计与生产实践，我们积累了越来越多的文创领域经验；另一方面国内的博物馆与海外博物馆也有着大量交流与互动，专业人士从其他博物馆的文创产品中吸取了许多有益的内容，这使得我国文创产品跳出了固有的狭隘思路，跳出了传统纪念品的片面观念，开始与社会潮流充分结合，并进行适当创新。

---

① 博物馆发展论坛组委会. 博物馆发展论丛（2017年）［M］. 北京：北京联合出版公司，2017：103.

同时，互联网的发展也对文创产品的开发与设计起到了强有力的助推作用，这不仅给文创设计提供了许多借鉴与思路，还为设计活动增加了更多创新的可能性。总之，这一时期我国博物馆文创产品已进入快速发展阶段，在某些方面已经取得了明显进步与发展。各博物馆实现了从呆板地复制到灵活创造文创产品的重大转变。

2013 年至 2015 年间，故宫博物院研发的文创产品多达 1273 种，文创产品的销售额也从 6 亿元猛增至 10 亿元，截至 2015 年底，故宫博物院共计研发文创产品 8683 种。其中，"朝珠耳机"与"小皇帝玩偶"深受广大消费者的青睐。

"台北故宫博物院"也推出的"朕知道了"纸胶带系列产品。该产品一经公布和发售之后，立即引发了广大网友的关注，网友们疯狂抢购，仅三日销售量竟高达 1000 多份。

此外，我国诸多其他中小型的博物馆也在资金与人才较为有限的情况下，取得了文创领域的重大突破，克服了诸多困难。北京古代建筑博物馆在启动文创研发计划之后，转变以往工作方式，着力提升博物馆的创新能力，在短短两年时间之内就开发了以博物馆馆藏文物为主题的文创产品八大类四十余件套，这些文创产品主要有钥匙扣、书签、文具、日用品等。北京市房山区西周燕都遗址博物馆也创新性地联合其他小型博物馆，共同推出了"燕国达人游"旅游活动，以此作为一种体验型的旅游文创产品，带领人民感受燕国遗风，包括燕国著名将军乐毅墓、燕国旧址等等。我国每年举办的北京"文博会"与每两年举办一次的"博博会"中也有大量颇具特色、极具创意性的文创产品，包括秦始皇陵博物馆的"卡通版兵马俑"、苏州博物馆的唐代瓷碗等。

2016 年，国务院办公厅转发了原文化和旅游部等部门《关于推动文化文物单位文化创意产品开发若干意见的通知》（国办发〔2016〕36 号，以下简称《通知》）。为贯彻落实《通知》的有关要求，深入发掘激活文化文物单位馆藏文化资源，加强文物保护利用和文化遗产保护传承，健全现代文化产业体系和市场体系，促进文化创意产业发展，结合各地区实际情况，我国越来越多的博物馆开始响应号召，进入了开发文创产品的"队列"。

（四）转型阶段

自 2018 年开始，由于大量博物馆相继开发文创产品，该领域的竞争也愈发激烈，在激烈竞争的大环境之下，博物馆文创产品也出现了一些难以避免的问题。第一，博物馆属于公益性事业单位，与企业不同，事业单位不以经济效益作为目的，其主要目标是文化的宣传与弘扬，资金来源主要是财政拨款。但是进行文创产品的设计与开发需要耗费大量的资金，博物馆向上级进行申报的环节比较烦琐，这造成博物馆文创产品开发资金短缺的情况，阻碍了其进一步发展；第二，文创产品越来越多，有些产品出现了照搬照抄、不加改动原封复制的情况，这造成产品设计缺乏多样性，同质化严重的情况；第三，有些博物馆虽然具有一定的创新精神，懂得深挖文化资源，进行高效利用，秉承着继承和弘扬的精神，审慎地进行产品开发，但是由于缺乏市场调研工作，不了解市场行业，不清楚受众需求，导致销量低迷。

　　针对上述问题，近年各博物馆为了提升知名度，并搞好文创产品的创新，在重点博物馆带动之下相继开始了转型之路。

　　1. 博物馆加强产品创新，促进文创产品多元化发展

　　博物馆大量引入高新技术人才，要求他们做好创新工作，积极进行创新探索；广泛开展创新比拼大赛，馆内从业者在参赛过程中会产生更多的创意想法。博物馆还一改从前的研发模式，以往都是由专业人员进行研发，然后投入市场，现在每当新产品研发成功之后，都要在进入市场前，先经过专业人员的检测，确保产品具有一定的创新性，如果出现照搬照抄的情况，则不予通过。

　　2. 博物馆开通多种渠道，努力进行市场调研

　　博物馆积极开展前期市场调研工作，对受众的消费需求和心理体验进行全面了解，树立清晰明确的定位，密切关注市场运行规律，确保文创产品能够更贴合群众的需求与预期。故宫博物院、苏州博物馆、上海博物馆都十分注重这一点，积极开发互联网渠道，通过网络搜集受众的产品体验，时刻掌握他们的需求状况，从而不断修正博物馆文创部门的研发方向。

　　3. 博物馆文创产品在朝着生活化的方向转型

　　如今人们虽然物质水平有了较大提升，但是生活压力较大，手头如果有闲置的资金，都希望能够"钱有所用"，也就是"把钱花在刀刃上"，如果文创产品过于注重趣味性与创新性，却缺乏实用性，无法在日常生活中利用起来，那么销量也必将不会取得明显提升。博物馆也深知这一点，正在尽量朝着生活化与大众化的方向靠拢，努力开发和设计与生活相关的文创产品，一方面满足消费者实用性的需求，另一方面也是促进文化走进生活的体现。

　　4. 博物馆文创产业也在朝着合作化的方向转型

　　目前各领域的新兴技术层出不穷，博物馆也在加强与其他产业的交往与合作，希望在合作中寻求更加广阔的发展空间，努力向其他行业吸取有利于文创产品创新的宝贵经验。

　　（五）小结

　　总的来看，我国博物馆文创产品自20世纪末期开始萌芽，经过短短二三十

载的发展，却取得了其他国家难以取得的成绩。主要原因如下：

1. 政府大力支持

政府十分重视文创产业的发展，重视文创产品的文化传播与文化导向作用，认为承载着中国传统文化的各类产品，对于弘扬中国文化，增强民众的爱国情怀具有一定的积极作用。于是对于博物馆文创产品的开发提供了大量行之有效的政策性鼓励与支持。

2. 博物馆积极进行文创产品的设计与开发工作

以北京故宫博物院、上海博物馆等为主的诸多大型博物馆十分重视文创产品，并早在 20 世纪初就开始筹划文创产品的研发工作。其中，北京故宫博物院十分重视文创工作，创立了故宫文化创意中心后，设计师根据故宫的文化资源开发设计了一系列故宫文创产品，尤其是清宫卡通人物广受消费者喜爱。故宫文创设计对用户进行精准定位，打造用户喜爱的文创产品，秉持工匠精神。同时，借助互联网进行线上线下营销，使文创产品得到广泛传播。

时至今日，各场馆积极吸收外来文创产品设计的经验，努力调研市场，增强创新研发工作力度，实现了博物馆文创产品的多元化发展，种类之多与往日相比可谓判若云泥。目前我国已经开设文创商店的博物馆如下表所示（表 5 - 1）。

表 5 - 1

地区	博物馆
北京	中国国家博物馆
	中国文字博物馆
	北京故宫博物院
	首都博物馆
浙江	中国丝绸博物馆
	杭州工艺美术博物馆
	绍兴民俗博物馆
	南宋官窑博物馆
	宁波博物馆
江苏	苏州博物馆
	苏州民俗博物馆
	中国科举博物馆
	南京博物馆

续　表

地区	博物馆
	陕西历史博物馆
陕西	西安碑林博物馆
	秦始皇陵博物馆

二、博物馆文创产品的重要价值

博物馆文创产品具有重要的价值与意义，主要体现在博物馆、文物方面。

（一）博物馆文创产品对于博物馆的价值

1. 帮助博物馆解决资金问题

博物馆一般为公益性事业单位，其最主要的特点就是不具备盈利性，博物馆的一般建设与修缮都要依靠国家的财政拨款。而一些活动的开展需要耗费大量的人力、物力、财力，可这些却无法完全由有关部门"全权包揽"，所以对很多博物馆而言，资金问题总是围绕它们的重点问题。而博物馆推出的文创产品属于其自主设计开发的商品，不仅具有文化性、创意性，更具有一定的盈利性的特点。

文创产品做得好，销量好，就意味着博物馆能够赚取更多利润，而这些利润就可以用于博物馆的日常维护活动，以及之后的文创产品开发等活动，还能够为博物馆的科研、宣传、修缮等方面提供财政支持和保障。可见，博物馆文创产品能够帮助博物馆解决资金方面的问题。

2. 帮助博物馆加强教育功能

众所周知，博物馆具有一定的教化功能，馆藏的各种文物都具有十分深厚的文化底蕴，对它们进行观赏，我们可以从中了解文物背后承载的文化知识，这是博物馆教育功能最直接的体现。

但是，有些文物年代过于久远，当代许多年轻人又缺乏历史素养和耐心，很难静下心来去学习相关的知识。而博物馆文创产品既蕴含着文化资源，又具有一定的趣味性，其外观与时代接轨，很容易吸引年轻群体的注意，所谓"兴趣是最好的老师"，同理，激起人们兴趣的文创产品自然能够更好地向人们"诉说"其内在蕴含的文化内容。所以，博物馆文创产品能够以更加直观、更加浅显的方式向人们展现文物所承载的文化内容，帮助博物馆加强和延伸其教育功能，从而起到更好的文化宣传与教育的效果。

3. 帮助博物馆提升自身形象

消费者在参观博物馆的过程中，除了观看展览之外，还想购买与博物馆文化或藏品有关的物品作为纪念。因此，通过设计有质量和创意的文创产品可更好地展示和提升博物馆形象，延续博物馆藏品的生命，拉近公众与藏品的距离，同时还可发挥博物馆为社会服务的职能。

（二）博物馆文创产品对于文物的价值

博物馆是保藏人类发展历程中各种文物和举办各种陈列展览的重要场所，馆内藏品众多，这些文物普遍具有较高的历史价值、文化价值，并且具有一定的教化功能。

自21世纪初我国开始实行博物馆免费制度以来，前往博物馆游览的游客明显增多，但是仍然有许多人未曾到过博物馆，这使得我国宝贵的文物并未完全与世人相接触，其文化影响力也并未完全彰显出来。这些文化资源只是以静态陈列的方式保存和传承，它终究只是躺在博物馆里冰冷冷的文物，离现实社会的距离会越来越远。只有当文化与创意"联姻"，经典与时尚"相遇"，这样的文化遗产才是传承的，有生命力的。

通过设计与开发博物馆文创产品，馆藏资源的文化积淀与文化元素附着于各种商品，以商品的形式进入市场，即使人们没有进入博物馆，也能够了解和感悟宝贵文物的魅力所在。所以，博物馆文创产品对于文物有着重要的价值与意义，能够有效促进文化的宣传与弘扬，有效提升馆藏文物的知名度，并不断提升其社会影响力与文化感召力。

三、博物馆文创产品的主要优势

在文创领域，博物馆有着得天独厚的优势，无论是博物馆的配套资源、扶持政策方面，还是博物馆工作人员的专业化程度，都对于开发与设计文创产品有着一定的促进作用。

简单地说，博物馆有着丰富的馆藏，这些文化资源历史悠久、底蕴深厚，无不体现着博大精深的中华文化，这些都可以作为创作过程的文化元素。博物馆作为社会中最为重要的公共文化服务机构之一，承担着十分重要的文化传播与价值观引领的作用，与之相伴的就是博物馆强大的影响力，其影响力可以在潜移默化之间，将文创产品更好地宣传出去。同时，博物馆规模庞大，文物众多，馆内工作人员分工明确，职权清晰，且都具备比较专业的素养，他们渊博的学识与审慎的学术态度，对于进行文化产品创作有着十分重要的帮助。

总之，博物馆开发文创产品具有重要的优势，对于博物馆而言，应当努力将这些潜在优势转变为现实，真正促进博物馆文创产业发展，从而创造出更多优秀的博物馆文创产品。

（一）博物馆丰富的馆藏成为文创设计的灵感来源与文化资源

相较于许多正要开始开拓文化创意产业市场的大小企业组织而言，博物馆拥有更为丰富、充沛的藏品资源基础可供开发利用。① 从博物馆的定义上进行分析，博物馆是征集、典藏、陈列和研究代表自然和人类文化遗产的实物的场所，对馆藏物品分类管理，为公众提供知识、教育和欣赏的文化教育的机构、建筑物、地点或者社会公共机构。根据博物馆的定义，可以了解到其功能主要包含搜集、保存、修护、展览等，而博物馆的内部设计也有着丰富的类别，包括美术馆、历史博物馆、人类学博物馆、自然历史博物馆、科学博物馆等。

可见，博物馆馆藏众多，涉及各个领域，只要是与人类文明或自然文明相关的内容都会被囊括其中。据统计，目前中国大陆各类博物馆约有 2200 多家，统计数字不包括港澳台和小规模私人性质的博物馆，该数字以每年百分之五左右的速度增加，增幅主要是民营或私人博物馆。单是首都北京，就有各类注册博物馆 130 余座，共收藏文物、艺术品 200 余万件，其中国家一级文物 1.5 万件，二级文物 61 万件。如此丰富的文化资源，蕴含着宝贵、悠久的中华文化元素。

如果以博物馆的各种藏品作为设计文创产品的出发点，必将成为博物馆文创的重要优势，有助于文创工作者发现新的创意点，也更能保证文创产品的优质性。

具体来讲博物馆对于文创的帮助体现在以下方面：

第一，博物馆的文创产品对于普通大众有着强大的吸引力，那么吸引大众的注意，以其中蕴含的文化元素作为"创意基点"，能够省去商业宣传这一步骤。

第二，博物馆的文物普遍具有极高的艺术性、文化性，其对于各学科各领域的研究都有着重要的借鉴作用，具有一定的权威性。相比于商业文创产品设计而言，博物馆文创产品省去了价值导向的审核步骤。

第三，博物馆中的文物象征着人类文明发展的历史，当我们在回望历史，了解过去之时，很容易产生一种共鸣感，更容易被其中所包含的文化元素所打动。可见，将馆藏资源作为文创产品，无疑能够获得群众在情感层面上的支持。

（二）博物馆的学术资源为文创设计提供学术与技术的保障

博物馆中保存有大量的珍品文物，更是拥有大量专业性的专家学者，为了维护、修缮、研究这些文物，他们时刻对珍贵的文物保持着高度重视，并持续对文物进行深入研究。

此外，在各个博物馆之间也有许多大大小小的博物馆协会和学会，它们由众多学者组成，以研究文物和保护文物作为己任。以博物馆馆藏资源为文创设计来源，大量专家学者能够为之提供极为重要的依据与建议，从而促进产品质量不断提升，文化底蕴不断深化。例如，故宫博物院就拥有国内一流的学术研究团队，学者们平日进行各种科研活动，当博物馆推出文创产品时，学者们对此有着独到

---

① 贡巧丽，郝丽琴. 文化创意产品传播与推广的媒介呈现［M］. 成都：电子科技大学出版社，2019：188.

的见解，帮助设计者推出了十分优质的产品，包括故宫文创店推出的文创 App《皇帝的一天》，这虽然只是针对儿童的教育类软件，但是通过使用该软件，能够清晰了解清代皇帝一天 12 时辰的大致经历，其中充满了趣味性与益智性。

总之，博物馆中的专家学者作为重要的学术资源，为文创产品的设计与开发"保驾护航"，提供了具有权威性的学术支持与技术支持，保障文创产品准确、深入、全面地诠释传统文化的深层内涵，保障了文创产品的文化意蕴。

（三）博物馆的网络平台为文创产品增加大量的曝光度

在信息化时代，任何博物馆都有其各自独立的官方网站，在官方网站中，人们可以搜索和查看与博物馆相关的各种资料，甚至可以开启一段博物馆"云旅游"的体验，在网络上人们可以 360°查看藏品，体验感极佳。文创产品作为商品，想要获得高销量，必然需要打开一条"宣传通道"，而博物馆官网以其高度的公开性，无疑成为展示和宣传博物馆文创产品的首选渠道，有效增加了文创产品的曝光度。不论是博物馆实体商店还是官方网站都为其文创产品提供了展示的平台。尤其是现在的博物馆官网，更是呈现了非常丰富的信息量，以故宫博物院的网上商店为例，网站对于文创产品做出了详细的分类，让网络用户可以清晰地搜索到产品，并提供了文创产品创意来源及创新点诠释的详细介绍，加深大众对其文创产品的认知，从而促进其文创产品的销量。[①] 可见，博物馆的网络平台对于文创产品也有着明显的宣传与推广作用。

第二节　博物馆文创产品的种类

据统计，截至 2020 年底中国全国备案博物馆 5788 家，其中国家一、二、三级博物馆达 1224 家，各博物馆馆藏文物种类繁多，这成为文创产品的宝贵灵感来源。

如今，文创产业呈"迸发"之态势，国内各大博物馆争相进入文创领域，以国家博物馆、苏州博物馆、陕西历史博物馆、湖南省博物馆等为代表，总的来看，目前博物馆文创产品主要可被划分为三种类别，分别为文物复制类、创意萌化类、智能数码类。

一、文物复制类文创产品

文物复制类文创产品，指以文物为原型，运用现代新型技术与高新工艺，模拟其外观与结构，实现对文物的"复制"。人们漫步于博物馆，时常被馆藏文物那精

---

① 贡巧丽，郝丽琴. 文化创意产品传播与推广的媒介呈现［M］. 成都：电子科技大学出版社，2019：189.

湛的工艺与华丽的造型所吸引、所震撼，许多人可能都会在头脑中闪过一个念头，即"如果能把文物带回家该多好"。设计者针对消费者的内心需求，从博物馆馆藏文物的实际出发，对文物进行还原和复制，给了受众"将文物带回家"的可能。

目前国内部分大型博物馆已经在这一领域有所成绩，如陕西历史博物馆则创作出许多复制类文创产品。众所周知，陕西省西安市是我国著名历史文化名城，被誉为"十三朝古都"，古代的西周、秦、西汉、新朝、前赵、前秦、后秦、西魏、北周、隋朝、唐朝，以及迁都西安的东汉和西晋都曾于此建都，并留下了大量十分宝贵的文化遗产，这些宝贵的文物多数收藏于陕西历史博物馆之中。工作人员以馆藏文物为"模型"，对其实现了复刻与还原，如青釉提梁倒注壶、虎符、朱雀铜熏炉、独孤信多面印章、镶金兽首玛瑙杯、赤金走龙、三彩饮马等。此外苏州博物馆、国家博物馆也有许多复制类的文创产品，在此不做赘述。

文物复制类文创产品具有一定的优势，能够清晰、完整、生动地还原文物的原有形态，能够更加直观地展现文物的内涵与魅力。但是，该类文创产品缺乏创意性，如果博物馆过于依赖复制类产品，长此以往会降低文创产品的创新活力，导致创新发展陷入停滞。所以，文创设计者为了提升产品的创意性，别出心裁地设计开发了创意萌化类文创产品。

二、创意萌化类文创产品

创意萌化类文创产品，是指对博物馆馆藏文物进行"萌化"设计，为其赋予一些饶有新意的元素，从而使文创产品看起来除了具有文物的传统文化元素积淀之外，也具有一些创新性。馆藏文物多与历史或遗址相关，极具沧桑感与厚重感，而购买文创产品的人群除了爱好历史文化与传统文化的中年群体之外，还有许多青少年，他们最关注的是产品是否具有新意。如果文创产品缺乏创意感，不够"萌"，那么很可能无法吸引这批潜在消费者。基于此，文创设计者在对博物馆文物进行设计时，开发出新的类别，即创意萌化类产品。

关于这类产品，不得不提及洛阳博物馆，早在 2017 年 6 月，洛阳博物馆就推出了以馆藏文物辟邪为主题的"萌物"，并参加第 12 届中国（义乌）文化产品交易会。辟邪本是古代传说中的神兽，具有镇宅纳福之能力。在洛阳博物馆中有许多辟邪文物留存，其外形犹如猛兽，面目狰狞，身侧有翅膀，给人带来一种威严感与压迫感。而辟邪文创产品却与原文物大不相同，圆圆的眼睛、圆圆的鼻子、微微吐出的红舌头，外加小虎牙，这些创造让文物"活"了起来。

另外，国家博物馆推出的四人舞俑行李箱绑带也是萌化文创产品之代表作，设计者以几何、色彩、国潮的理念为其赋予了"萌"的特点，吸引了大批"粉丝"。总之，创意萌化类也属于博物馆文创产品的一个重要种类，与文物复制类产品形成互补之势。

三、智能数码类文创产品

智能数码类文创产品，指以馆藏文物为设计灵感，适当融入现代信息技术，为其赋予一定的应用性、实用性而制成的文创产品。这类产品的出现也是如今信息时代的"呼唤"，符合时代发展的主题。

在信息时代，我们曾经所熟悉的一切都在默默发生着转变。智能家居让我们的日常生活变得更加轻松，人们无须亲自去拉上窗帘；无须亲自去打开灯具开灯；更无须亲自打开电视，只需要合理利用综合布线技术与网络通信技术，就能以语音的方式直接操控上述家居设施。这足以说明，智能设备将在人类社会发挥出越来越重要的作用。

在时代背景下，现代科技的发展特别是数字科技的发展，对文创产业起到了支撑作用。未来人类的信息技术是往大数据、智能化方向发展，数字技术经过早期的发展，跨过了网络化的阶段，已经走到智能化的历史节点上。所以，博物馆的文创产品也在朝着智能数码类发展和转变。

目前，国内许多博物馆已经意识到"智能＋文创"的重要性，意识到这种发展方式所蕴含的机遇，并在此领域开发了大量的文创产品。以山东博物馆为例，2019年开始，山东博物馆与腾讯展开了一系列跨界合作的探索与尝试，希望用最新的表达方式，发扬传统文化。

在山东博物馆大力发展新文创的背景下，以当代年轻观众群体为主要目标，触动不同层级目标观众，依托腾讯强大的技术平台，解决"信息碎片化"和"时间碎片化"的时代新挑战，加快博物馆融入社会生活的步伐，双方共同挖掘文物故事，活化文物形象，将博物馆文化与时下流行的手游、影视等新载体、新技术相结合，让传统文化与流行的数字内容契合，从而产生"1＋1＞2"的效果。

可见，山东博物馆通过一系列数字文创的创新探索与实践，对文物进行了新的解读和新的创作，让更多人透过有趣新奇的展现形式，深入了解传统文化的内涵，实现数字文化与传统文化的共同发展，构建文创产品工作发展新格局。

第三节　博物馆文创产品的实践

一、博物馆文创产品的设计途径

博物馆的文化资源包括物质资源与精神资源，这两种资源形式共同体现了博物馆馆藏资源的价值所在。博物馆文创产品的设计实践应当遵循这两类路径而展开，其中，物质资源主要有文物藏品、历史遗迹的视觉形象、使用功能、构造原理、材料质地等；精神资源主要是文物故事、生活方式、思维方式、思想观念等。针对这些不同的文物资源，也应当从不同的方向着手，来进行产品的设计。

博物馆文创产品的设计途径（图 5 - 1）。

视觉要素的提取与设计

为原有功能与结构赋予新形式

材料与质地的设计

故事呈现式设计

行为习惯式设计

情感表达式设计

图 5 - 1　博物馆文创产品的设计途径

（一）视觉要素的提取与设计

文创设计时，工作人员应当把功能、材料、构造等要素最终呈现为形式，而形式包括诸多类别，如形态、色彩、质感、肌理等。博物馆文创设计是比较特殊的一种，要从可见的物质资源中获取灵感，主要的方式有复制、提取、设计等。在处理视觉要素时，对象可以是原型的局部，也可以是整体，不同的要素可以分别展开设计应用，亦可选择多个要素进行组合而得到新的视觉形象。

（二）为原有功能与结构赋予新形式

通过对各博物馆中文物的全面考察，可以看到历史上许多文物是作为一种工艺品和艺术品而存在的，其实际应用性并不强，主要是摆放于宫廷或官宦氏族的宅邸之中。

但是，也有一部分文物却有着其固定的功能，按照功能进行分类，文物可以被区分为交通类、居住类、餐饮类、工具类、娱乐类等。在进行博物馆文创产品的设计时，可以将文物的功能作为产品的灵感来源，以功能主导设计，以结构引领创新，从而为产品带来全新的面貌，结合现代生活方式来进行考量，即可从中发现许多新的可能性。例如，"物舍"品牌推出的唐羽系列茶具，以传统单柄茶壶为原型，赋予了新的材料和形式特征，十分具有现代感。

（三）材料与质地的设计

材料是构成任何产品的主要物质，更是能够直观体现产品面貌的重要呈现，不同的材料除了能够带给人不同的视觉体验，往往也能够为产品赋予不同的功能。

所以，以材料和质地作为出发点进行产品设计也是一种重要的途径。我国地大物博，不同地区的先民都根据其不同的地域特征而习惯使用不同的材料，在不同的地域产生和积累了许多种地方性材料，这成为博物馆文创产品的材料来源。在设计时，工作者可以"就地取材"，以博物馆现有的文物为模型，以文物相同或相似的材料制成产品，如"自然家"品牌推出了应用邛崃传统瓷胎竹编技艺而制作的茶杯。

（四）故事呈现式设计

故事是人类记述历史、传承文化的行为，一部分故事为虚拟性性质，另一部分故事具有一定的真实性与历史性，人们通过讲述故事，传播着宝贵的文化观念与精神财富。

在诸多故事中，有些故事以不同的形式被记载和呈现在各种物品上，如绘画、雕刻、印染等，这些成为博物馆文创设计的可靠灵感来源。文创工作者可以根据故事所要表达的主旨进行产品设计，既使得产品的艺术性与文化性得以表达，又满足了大众的精神需求。例如，"台北故宫博物院"推出的"朕知道了"胶带，这是以康熙皇帝在批阅奏折时爱在文末批注"朕知道了"为灵感所创作，此故事随胶带的销售而广为人知。

（五）行为习惯式设计

纵观历史，人们在历朝历代的生活方式有所不同，即使在同一朝代，不同地位的人群也有着不同的行为习惯。人的行为受到诸多因素的影响，而伴随着不同的行为就会产生各种各样的器物。博物馆的考古学者们以器物入手，深入分析和考察，了解人们过去的行为方式。在博物馆文创设计时，我们能够以行为习惯作为灵感来源。例如，不同朝代的饮茶方式与茶具各有特色，但茶具并非只能是过去的面貌，把这件事情放到当下来看，完全可以参照现有的需求、材料特点来设计全新的饮茶相关产品，甚至衍生出更丰富的产品类型。

（六）情感表达式设计

博物馆中许多文化资源都有一定的情感性或意境性，有时其情感性甚至远超于物质层面的价值。例如，有些传世名画虽然质地简陋，纸质粗糙，颜料也并非十分名贵，但是画作带给人精神层面的遐想却是无价的，这也是其情感性最重要的意义所在。博物馆文创设计可以从情感表达入手，一些产品的设计不需要昂贵的材料与先进的工艺，只需要深刻表达文物所蕴含的情感与意境。

二、博物馆文创产品的设计原则

在进行博物馆文创产品的设计与开发时，一定要遵循特定的原则，只有这样才能保证文创开发工作不会陷入"停滞的泥潭"，而时刻追随潮流的风向标，才能真正实现相关文化的传承与弘扬。博物馆文创产品的设计原则主要包括生活化原则、多元化原则、品牌化原则、趣味性原则（图 5 - 2）。

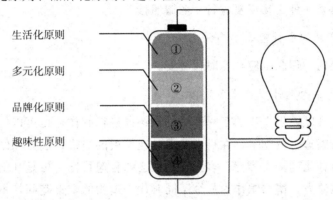

图 5 - 2 博物馆文创产品的设计原则

（一）生活化原则

生活化原则，指博物馆文创产品虽然要从文物中找寻灵感，但是也要努力为之赋予生活化的痕迹，任何产品都不能被束之高阁，而是要与人们的日常生活相联系，只有这样才能让产品真正走入人们的家庭，为人们所接纳，并在潜移默化中发挥其文化传播作用。

众所周知，博物馆文创产品的本质在于博物馆的馆藏资源，时刻要以馆藏资源的深刻内涵作为其设计的基点。以综合性博物馆为例，其中的多数馆藏资源均为历史文物，包括历朝历代的古钱币（五铢钱、刀币、布币）、古代工艺品（唐三彩、各种瓷器）、古代日常用品与祭祀用品（陶罐、瓷罐）、古代服装等。

馆藏文物年代久远，与人民群众的日常生活没有明显的联系。如果直接进行文创设计，而不与生活相联系，那么很可能不会为人们所接受。而生活化原则强调对受众群体生活需求高度关注，要求探寻人们的生活需求、博物馆文物、文创产品三者之间的内在关联，并将这种联系进行放大。要求借助生活化的设计理念与设计方式，将人们思想中固有的"高高在上""高不高攀"的文物，转变成"接地气"的产品。

同时，这样还能够延长相关文化信息与大众的作用时间，加深文化产品对群众所起到的文化宣传与影响作用，从而为在更广阔空间弘扬文化提供可能，也为文创产品进一步发展提供支持。

（二）多元化原则

多元化原则，指博物馆文创产品的种类要多元化，这就对相关工作人员提出了更高的要求。

1. 文化创意来源要多元化

要与馆藏各种资源巧妙发生关联，从文物之中吸取有助于创作的优质元素，而不是只针对某一种文物反复进行"照搬照抄"。

2. 文创产品的设计理念要多元化

时代在变化，理念也应随着时代转变。

3. 文创产品的设计方式要多元化

产品除了可以模仿文物的某一部分外在特征进行制作，也可以针对文物的内在文化属性与底蕴进行创造，在科学技术高速发展的当代，还可以结合新型技术对产品进行信息化创新，等等。多元化是社会的普遍特征，更是社会不断发展和转变的内生性动力。博物馆作为一个不同时代人造物的聚集空间，承载与传播的文化同样应当具有多样性与多元化的特征。

总之，博物馆文创产品的多元化体现在对博物馆相关文化独特性的挖掘上，要借助对不同文化特征的全面分析，建立博物馆整体文化价值体系，并以此体系为主导框架，引导不同层级的文创产品开发。

（三）品牌化原则

品牌，代表了产品的品质，优质的品牌能够为企业吸引更多的顾客。同时，品牌更是产品质量的体现，打造品牌对于产品长效发展有着重要的推动作用。

品牌化原则，指博物馆文创产品的设计要注重打造品牌，致力形成品牌效应，如此一来，能够有效吸引顾客，也能够对未来的文创产品起到反向促进作用（即品牌自我监督），助力产品品质进一步提升。品牌化原则强调对文创产品整体形象以及服务体系的系统性构建。好的品牌有助于公众充分了解相关文化，借助这种"势头"，博物馆文创产品能够进一步扩大规模，拓宽市场。

总之，品牌化原则更加针对产品的市场领域，是一种树立形象、提升文化地位的有效策略，通过确立品牌，能够有效提高博物馆文创产品的终端销售数量。

（四）趣味性原则

趣味性原则，指博物馆文创产品要具备一定的趣味性，适度的趣味性能够增加产品对买家的吸引力，满足消费者的情感需求，提高产品的附加值，使文创产品更自然地融入日常生活，从而更有效地传播其内在的文化内涵。

博物馆的藏品多为经过岁月洗礼的宝贵文物，它们年代久远而又历久弥新，体现出深厚的历史感与文化感，但是对于当代社会的绝大多数年轻人而言，这些文物看起来或许显得过于"压抑"。文创设计者以博物馆的各种文物作为创意元素，吸取其中的文化元素，如果设计过于严肃，很可能使产品不够"平易近人"，难以起到文化宣传的作用，也难以激发人们的消费倾向，导致出现销量不佳的情况。而适当增加趣味性则能够有效解决这一问题。例如，设计者可以遵循趣味性原则，为产品适当增加现代文化元素，或对产品适当进行"萌化"，为之增加趣味性图案、趣味性设计，或运用趣味性的材料等。

三、博物馆文创产品的创新设计

随着社会不断进步，人们生活水平不断提高，人们的内在需求越来越高，文创产品则应运而生，乘势而上。不过时代仍然处于变化之中，未来博物馆文创产品仍然要做出适当创新，与时代接轨，促进文化领域进一步创造性转化与创新性发展。

（一）杜绝流于表面，要体现内在文化

博物馆文创产品设计要杜绝对文物的"照搬照抄"，不能仅仅停留于提取文物的表面元素，如模仿文物的图案、色彩、材质进行创造，不能让文化元素仅仅存在于外观造型之中，而是要通过巧妙构思与设计，真正体现出文物所承载的文化积淀，展现出深刻的文化底蕴，从而给受众带来精神层面的内在体验。

例如，官帽椅的造型不符合人体工程学原理，但其别出心裁的设计可让人体会到传统礼仪文化，表现出"坐如钟、站如松"的传统行为观念，并且从更深层次上折射出中国人对品德规范的要求，以及中国人的传统行为美学与廉洁刚正的君子哲学。[①]

（二）打破千篇一律，要体现产品特性

在文创产业发展初期，我国多数的产品都是千篇一律，无论以哪种文化为灵感，也无论以哪一事物为原型，最终的产品都并未根据市场进行更加细致的划分，具有明显的均等化的痕迹。随着文创产业不断发展，人们对文创产品也提出了更高的要求，如今博物馆文创产品已经从"以物为主"的自我表达转向了"以人为本"的创意表达。这种转变已经成为重要的趋势，今后的文创设计也应当以此为基准，避免一概而论，致力于针对不同的受众，设计别具特色的各种文创

---

① 樊孟勃，金薇薇. 博物馆文创产品设计现状分析与设计研究［J］. 美术教育研究，2022（9）：102－103.

产品。

在此不得不提及博物馆文创的"领跑者"故宫文创，故宫文创敏锐判断出市场需求，在保证文创产品质量的基础上，对受众进行精准定位，开展差异化设计。如今故宫博物院共拥有四家文创网络经营主体，分别是主要面向年轻人的故宫淘宝、面向大众的故宫商城、分为线上线下销售的故宫博物院文化创意馆、出售较为古典庄重的产品的故宫博物院文创旗舰店。①

（三）转变固有理念，要创新管理模式

在新时代，博物馆应当顺应时代发展的潮流，积极更新和转变观念，构建宽阔的国际化视野与新型的发展理念。旧有的理念已经不再符合当今的发展形势，博物馆必须要做出改变。一方面，博物馆应当充分利用愈发多样化的博物馆藏品资源开发利用需求，积极为藏品增值创造机会，为之争取更多的社会力量，从而为博物馆文创发展提供相应的资金支持；另一方面，博物馆应当将创新管理模式与创新经营原则落到实处，有针对性与创意性地发展文创产品，创新经营理念。另外，博物馆还应当向外界寻求帮助，吸引社会力量支持，让这些力量自主参与博物馆文创产品的开发。

（四）做好形式创新，要以数字技术赋能

博物馆文创产品进行创新，要结合当今信息时代的特征。文创不仅要体现文物的文化价值，更要与数字技术相结合，这样才能够吸引更多受众。巧妙运用数字技术，可以起到以下作用：

第一，能够拓展信息传达的边界。之前的信息传达具有一定的限制，包括地域限制、时间限制等，运用多媒体技术、互联网技术，能够打破这些限制，便于受众进行搜索与查看。

第二，能够增强受众的体验感。运用数字交互技术，能够给受众以更加逼真的感官体验，从而引起人们的共鸣。

总之，数字技术能够为博物馆文创设计提供更多新的思路与新的方向，新文创时代的数字技术助力产品打通线上线下，拓宽大众参与渠道，让文化得到更加深层次的传播。

---

① 梁淑敏. "互联网＋"背景下北京故宫文创的开发设计与推广研究 [J]. 包装工程，2020，41（8）：309－312，316.

第六章 多领域文创产品的推广传播

第一节 影视媒介的文创产品推广传播

一、影视媒介

伴随着科学技术的快速发展，人类社会已经进入了以影音传媒为主要传播方式的新时代，以此为媒介进行文创产品的推广传播无疑是一个可靠的新渠道。

曾几何时，社会传播信息的方式主要是各种报刊，这也被我们称为纸媒时代。纸媒，也就是以纸张作为物质载体，用来传播各种讯息的媒体。纸媒兴起于19世纪，这时报纸与无线电十分盛行，人们总会在茶余饭后坐在餐厅"有滋有味"地品读报刊，获取自己想要知道的讯息。可以说，报纸经过多年的发展，有着深厚的加工工艺，多样的加工技术，丰富的版面设计，各种精美的图片配合吸引眼球的文字，既能够有效传播讯息，又能够带给读者一定的趣味性。

但是，当计算机技术与互联网技术开始蓬勃发展之际，纸媒逐渐走起了"下坡路"。在信息化时代，新兴媒体有着更多优势，首先是影视媒体。影视媒体的展现方式比较多样，包括新闻、纪录片、综艺节目、电视剧等。以影视作为媒介，成为信息传达和推广的重要方式与手段。总之，影视传媒作为一种新兴媒介，已经在许多方面取代了纸媒的地位，已然成为最具发展潜力的行业，而在文创领域，它也能够对文创产品的推广传播起到十分有效的助推作用。

二、影视媒介的文创产品推广传播策略

以影视作为文创产品推广与传播的媒介，应当做到以下几点。

（一）要在影视节目中展现文创产品

在新媒体时代，各种影视作品层出不穷，每一个人都时刻与这些影视节目存在着千丝万缕的联系。少年儿童喜欢观看卡通动漫，成年人喜欢观看电视剧或新闻。由于性格、性别等原因，相同年龄的人群也往往有着不同的观影习惯。

总之，要想利用影视媒介更好地推广文创产品，就应当把文创产品融入各种

节目中，通过多样化的方式对其进行展现。例如，在纪录片中彰显文创产品，这一点在爆火的纪录片《上新了·故宫》中得到了很好的体现。该纪录片是以故宫为题材，以故宫的历史文化与内部各种文物为主要内容的影视节目，每期节目中，嘉宾作为新品开发官跟随故宫专家进宫识宝，探寻故宫历史文化，并与顶尖跨界设计师联手高校设计专业的学生，每期诞生一个引领热潮的文化创意衍生品，打造"创新"与"故宫"相结合的制作模式。

又如，《黄金瞳》作为一部优秀的鉴宝主题影视剧，其中也体现了大量的文创产品内容，对文创产品起到了推广传播的作用。2019 年春节该剧开播前期，基于对影视剧文化导向的宣传及对区域文化资源的敏感，山东博物馆率先联合腾讯互娱山东站进行文化创意合作，以剧中情节为灵感，演绎剧中文物的背后故事。以文物专家联动知名博主以 Vlog 形式拍摄制作"博物馆给了我一双黄金瞳"的主题内容。以山东博物馆馆藏文物为原型，融合数字技术制作了黄金瞳主题动态海报等宣传材料。山东博物馆以此次合作为背景，借助影视剧的宣传效应，响应观众需求，专门策划了"清风徐来——馆藏明清竹绘画展"。以"竹"为主题的线下展借助《黄金瞳》影视剧的高人气，吸引了大量年轻观众参观。

（二）要在电视广告中展现文创产品

广告是人类社会自古已经出现的一种社会现象，如今广告涵盖范围广泛，涉及各个领域，可以说广告是无所不在、无时不有的。在媒体时代，广告在荧屏之中以各不相同的表现形式，展现着各种各样的内容。

总之，广告能够起到有效的信息传递和产品推广的作用。要将广告与文创产品相结合，利用广告"广而告之"的优势，充分宣传文创产品的相关信息，达到"洗脑"的效果，从而有效提高文创产品的曝光度，实现产品的推广传播。

第二节　博物馆平台的文创产品推广传播

一、博物馆平台

博物馆是城市中重要的公共文化服务机构，起到了文物保存、文化宣传、教育教化等积极作用。漫步在各大中小城市之中，我们总能够发现博物馆静静伫立在城市的某个角落。博物馆以其重要的社会影响力为我们社会文化建设时刻做出贡献。

起初博物馆多为综合性场馆，馆藏资源一般为博物馆当地的古代文物、历史文化、民风习俗等内容，在馆内进行参观基本上能够大致了解当地的历史风貌，从而对当地产生一个基本的认识。

如今随着时代发展，博物馆的类别也是愈发丰富，以北京为例，北京的博物馆涉及社会的各个领域，包括中国国家博物馆（集收藏、展览、研究、考古、公共教育、文化交流于一体）；北京故宫博物院（馆藏资源主要是清代宫中旧藏）；中国古动物馆（馆藏资源主要是古代生物化石等）；中国航天博物馆（馆藏资源主要是航天史相关文物与当代航天模型等）。

总之，博物馆以其丰富的类别与大量的馆藏资源，成为社会中最重要的文化机构之一。同时，又由于博物馆属于公益性质的开放机构，其中的各种资源与普通大众的接触十分广泛，所以其文化影响力不容小觑。而在文创产业高速发展的今天，以博物馆作为平台，作为宣传与推广文创产品的媒介，无疑是一条可行的路径。

二、博物馆平台的文创产品推广传播策略

以博物馆作为文创产品推广与传播的平台应当做到以下几点。

（一）博物馆管理人员应当重视博物馆的宣传功能

要建立健全博物馆文创产品宣传推广的相关制度，要明确文创产品推广的权责与分工，由专门的人员进行这一方面事宜的管理，包括文创产品在馆中的摆放、文创产品的介绍文案等。

（二）要在博物馆中融入较多的科技元素与智能元素

如今许多博物馆除了收藏大量的文物之外，还特地加入一些新型设备，包括大型投影、智能化体验设施、AI换脸设施等，人们可以通过使用这些设备获得传统博物馆所无法提供的新奇体验，能够获得身临其境的体验感。

例如，在古代服饰博物馆中，参观者可以在指定区域内站立，待设备采集人脸信息之后，自己的面貌会呈现在多媒体影像中，并与古代的服饰相结合，便可以观看自己穿上古代服饰的样貌，颇具趣味性。

又如，在地质博物馆中，参观者站在指定的位置，待工作人员开启设备，人们便可以体验到地震的模拟仿真场景。总之，将科技设备与博物馆进行巧妙结合，能够有效提升博物馆的趣味性，还能让参观者更加充分地感受博物馆所要传达的信息。所以博物馆中也可以广泛运用各种多媒体设备，营造出以文创产品为主题的虚拟环境，如运用投影将文创产品投射在场馆内，让参观者充分了解该文创产品的基本信息，或者运用有声设备播放文创产品的相关内容，等等。

（三）要在藏品周边适当摆放文创产品

要在藏品周边适当摆放文创产品，由此加深参观者对于文创产品的印象。例

如，在古代饰品旁边摆放以其作为灵感设计而成的现代首饰文创产品；在古代的字画类文物旁边摆放以其作为灵感设计而成的现代文创产品，如以《千里江山图》为灵感设计的屏风，等等。

（四）要广泛开展博物馆与其他机构的联动协同活动

博物馆要积极与其他场馆开展联动，共同举办博物馆藏品与文创产品"走出去"展览活动，以此吸引受众的关注。同时，也可以共同开展"文博藏品知多少"知识竞赛，比赛以某藏品为主题，参赛选手需提前报名。比赛时双方分别回答主持人提出的关于某藏品的问题，比赛的奖品可以设定为以该藏品为灵感设计的文创产品，如此既有利于馆藏文物的宣传工作，还有利于推广相关的文创产品。

（五）要与各高校联合开展"博物进校园"活动

博物馆可以开展"博物进校园"活动，实现博物馆与高校之间的协同合作。大学生作为年轻群体，对于新鲜事物有着天生的接受力，同时他们又普遍有着较高的文化水平，对于馆藏文物的相关知识也更容易理解和接受。博物馆工作人员到高校中，为学生开办讲座，展现文创产品，讲解文创产品的原型文物，这既有助于提高学生们对于文物的重视程度，也有助于博物馆宣传和推广文创产品。

第三节　网络平台的文创产品推广传播

一、互联网平台

21世纪是信息化时代，互联网已在21世纪初走进千万家。互联网作为世界上最大的电子计算机网络，它的形成使计算机不但能处理信息，而且可以获得信息和传递信息，其迅速发展对全球政治、经济、文化等领域具有深远的影响，也被认为是全球"信息高速公路"的雏形或前身。

如今互联网与我们每一个人息息相关，任何人时刻都在与互联网发生着关系，或以互联网作为工作的媒介，或以互联网作为搜寻信息的手段。总之，互联网作为新时代的重要平台，对于任何人、任何行业都具有十分重要的意义。

互联网主要的作用就是传播，能够实现信息的交流以及资源的共享。具体来讲，互联网能够不受空间限制来进行信息交换，方便了我们的交流，开阔了我们的视野，让我们能了解到更多的知识。也基于互联网的便捷性、高效性等诸多优点，其被广泛应用于各行业各领域之中。例如，在企业中，工作人员以互联网为平台，对企业相关信息进行宣传，包括企业的产品优势与企业文化等；在医院中，医护工作者以互联网为平台，对医院的领军专家与医疗强项进行宣传；等等。

总之，人类社会已经进入信息时代，互联网的受众极广，就我国而言已经有接近 10 亿的网民，同时互联网的信息传播效率极高，瞬时间即可将信息传达至网络所及的各个角落。在文创产品的推广中，运用互联网这一平台，无疑能够有效提升产品的知名度，从而促进文创产品逐渐"深入人心"，获得更加广阔的发展空间。

二、互联网平台的文创产品推广传播策略

随着我国社会经济的发展，以及互联网开始在文化创意产业的从业者中广泛传播，文创产品的宣传和销售得到了巨大的改变。基于互联网的线上宣传销售产业链开始得到了大力发展，今后的文创产品推广与传播也应当大力开发互联网平台。以互联网作为文创产品推广与传播的平台应当做到以下几点。

（一）依靠互联网社交平台

在当代社会，人们的生活节奏越来越快，往日人们习惯围坐在一起谈天说地，如今的人们尤其是都市年轻人每天工作比较忙碌，所以人们的交流开始由面对面的形式转变为运用互联网社交软件。我们最熟悉的社交软件莫过于"腾讯QQ""微信""微博"等，据统计，我国"微信"用户已经突破 10 亿，如此庞大的用户基数代表着互联网社交平台必将成为文创产品推广的重要渠道。相关工作者可以利用这些社交媒体，建立起文创产品的推广平台。

例如，运用"微博"插入图片、视频、音乐的功能，直观形象展示文创产品的相关信息，快速吸引受众的注意力，并制定购买链接，以便于人们下单购买文创产品。

又如，在"微信"的公众号上发布"文创产品"推文，利用软件插入图片的功能，图文并茂地展现文创产品，介绍产品的相关信息，包括设计思路、灵感来源等，也可以加入音乐元素，以增强氛围感。还可以使用微信小程序，宣传推广文创产品，也便于用户查询和获取文创产品的相关信息。

值得一提的是，山东博物馆从"互联网＋文化"的角度出发，联合文创企业共同打造了"鲁博手礼"文创智造云平台。该平台通过小程序、App 以及 5G 物联网线下终端系统为用户提供文创产品消息分享与推送，并具有个性定制系统。平台自 2019 年 4 月测试，11 月正式上线运营，提升了博物馆文创产品的社会影响力与市场竞争力，这成为以微信小程序为渠道，推广宣传文创产品的可靠借鉴。

（二）依靠在线直播平台

在线直播是近年新兴的一种传媒方式，基于愈发成熟的新媒体平台而渐入人们的眼帘。目前除了专门用于直播的各种平台之外，在我们所熟知的一些社交软件中，也开通了在线直播的功能。总之，在线直播已经成为十分火热的互联网交互平台，通过在线直播，能够让更多的用户通过网络了解相关信息。基于直播用户数量飞速上涨，以及在线直播的逐渐完善，以其作为文创产品推广的平台，必将吸引更多用户，有效提升文创产品的知名度。

（三）依靠网站建设

网站以互联网技术为支撑，能够起到大量传播信息的作用。21世纪是互联网的时代，有关工作人员应当致力于打造优质的网站，借助这一渠道，将文创产品的相关信息发布，从而实现推广传播文创产品的目的。例如，成立独立的门户网站，命名方式与文创产品相关即可，之后则需要将文创产品的设计灵感、设计理念、设计方式、购买途径等信息设置在网页上。

（四）依靠电商平台

电商平台即电子商务平台，是为企业或个人提供网上交易的平台。电商平台兴起于21世纪，运用电商平台，能够破除时空的壁垒，为人们提供丰富的选购资源，商家也可以达到充分展现自己产品的目的。

目前，我国比较火爆的电商平台有"天猫商城""京东商城""苏宁易购""腾讯电商""唯品会""亚马逊中国"等。将文创产品放到电商平台，开设单独的文创店铺，并录制好宣传短片，以此提高文创产品的影响力，达到快速推广传播的目的。不过，由于在电商平台开设商铺有着一定的要求，工作人员需要提前制定好详细的工作流程，包括举止策划、在线宣传、品牌包装、日常运用等。

第四节　大数据平台的文创产品推广传播

一、大数据平台

大数据是21世纪的一种新型技术，由维克托·迈尔-舍恩伯格及肯尼思·库克耶在2008年首次提出。大数据技术以容量大、类型多、速度快、效率高等为其重要特征。大数据刚刚兴起之时，主要应用于互联网IT行业，是当时为了将数量庞大而又过于分散的各种信息进行整合和关联而产生的技术手段。2012年，《大数据时代》一书出版，作者维克托·迈尔-舍恩伯格被誉为"大数据商业应用第一人"。2013年，IBM公司提出了关于大数据的"5V"特征（图6-1）。

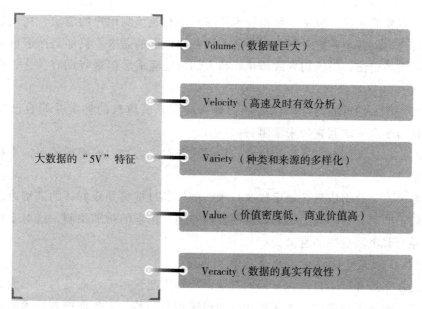

图 6 - 1　大数据的"5V"特征

大数据技术在当代的互联网领域乃至其他领域都有着重要的战略意义，如今市场中充斥着各种各样形形色色的产品，人们的需求也是千差万别，如何做好细分市场，如何更加具有针对性地为受众提供信息推送和信息指导，成为极其重要而又具有一定难度的事情。通过应用大数据技术打造大数据平台，则能够对那些体量庞大、意义重大的信息进行科学归纳整理。

对此，李克强同志也曾表示：我们坚持创新驱动发展战略，制定实施网络强国战略、国家大数据战略、"互联网＋"行动计划、《中国制造 2025》等，出台了一系列重大举措，在促进创新和更好发挥人力资源优势方面的效应正在显现。以大数据为代表的创新意识和传统产业长期孕育的工匠精神相结合，使新旧动能融合发展，并带动改造和提升传统产业，有力推动虚拟世界和现实世界融合发展，打造中国经济发展的"双引擎"。这也进一步凸显了大数据的重要意义。对文创产品而言，以大数据技术为支撑，能够有效促进其推广与传播。

二、大数据平台的文创产品推广传播策略

以大数据作为文创产品推广与传播的平台应当做到以下两点。

（一）依靠大数据对用户需求进行预测

有学者认为，大数据技术会压抑文化，抑制文化创造力，对此笔者存疑，正如计算机的出现不会阻碍作者迸发思维灵感一样，大数据的出现也不会对文化创造力起到反作用，反而还会起到积极作用。

最主要的一点，就是大数据技术能够精准有效预测用户的需求。在大数据技术出现之前，各企业想要判断用户群与潜在用户群的需求，只能是派遣市场调查员进行市场走访，由他们发放传单，待人们填写完成后再进行回收。这就面临两个问题：

其一，人们可能为了节约时间而敷衍应付，所填写的答案并非自己内心所想，这为受众需求调查带来了阻碍。

其二，这种调查方式比较烦琐，耗时较长，人力物力的损耗较多，不利于节约成本。

如今，大数据依靠智能手段与技术，能够通过搜集受众群体的消费习惯、消费倾向，准确分析他们的喜好，从而实现对用户需求的精准预测，这对于推广文创产品有着极其重要的意义。

（二）依靠大数据对用户进行消息推送

大数据推荐技术目前在互联网行业已经被广泛采用了，而且目前的大数据推荐技术已经有了较多的技术积累和行业经验积累，基于大数据推荐技术的互联网平台也正在为互联网公司创造更多的价值。

在大数据推荐系统的网络应用环境下，合理利用推荐系统会为具有消费倾向的潜在客户群体提供有效信息，从而促进他们购买相应的文创产品，能够真正起到推动产品推广与销售的积极作用。

例如，用户市场运用电商软件查询与茶具相关的信息，那么在经过大数据分析与预测后，可以对其精准推送古风古韵的茶具类文创产品，包括国家博物馆推出的秋影金波茶具或风调雨顺快客杯等产品。

不过，大数据推荐系统的使用也会在一些情况下对用户形成一定的困扰，比如频繁推送用户已经不再关心的内容等等，而这个过程可能也会对用户形成一定的"信息壁垒"，这一点需要相关工作人员提高警惕。

第七章 优秀文创案例

第一节 故宫博物院文创产品

一、故宫博物院文创产业简介

（一）故宫博物院

北京故宫博物院建立于 1925 年 10 月 10 日，位于北京故宫紫禁城内。它是在明朝、清朝两代皇宫及其收藏的基础上建立起来的中国综合性博物馆，也是中国最大的古代文化艺术博物馆，其文物收藏主要来源于清代宫中旧藏，是第一批全国爱国主义教育示范基地。

1911 年辛亥革命胜利之后，清朝最后一位皇帝溥仪宣布退位，此时本应将故宫收归国有，但是由于《清室优待条件》，溥仪被允许居住在故宫的内廷区域。当时的政府考虑再三，决定将当时热河（承德）行宫（即承德避暑山庄）与盛京（沈阳）故宫的文物迁至北京故宫的"前朝"部分，并于 1914 年成立"古物陈列所"，此为故宫博物院的原型。直到 1925 年，"办理清室善后委员会"制定并通过了《故宫博物院临时组织大纲》，并特地设立临时董事会，专门负责故宫文物的管理与其他相关事宜，由李煜瀛为临时董事兼理事长，易培基任古物馆馆长，陈垣任图书馆馆长。

中华人民共和国成立后，对故宫博物院开始了全面修缮与维护工作，20 世纪 50 年代，从宫内清除出去的垃圾达 25 万立方米。又经过了几十年的努力，到 20 世纪 80 年代，故宫博物院凸显了昔日的皇城风貌。

如今，北京故宫是第一批全国重点文物保护单位、第一批国家 5A 级旅游景区、全国未成年人思想道德建设工作先进单位。从 2014 年 1 月 1 日起，北京故宫博物院几乎每周一闭馆。2020 年 3 月 24 日，第十一届中国最佳文化旅游大奖榜单发布，北京故宫博物院荣获"年度最佳文化旅游大奖"。

由于故宫博物院有着悠久的历史，以及大量的民族珍宝，受到各界学者的广泛关注。如今，以故宫文物为主题的各种文创产品层出不穷，引得各年龄段人群的喜爱，成为我国博物院文创界的重要代表之一。

（二）故宫博物院文创产业

随着社会发展到一个新的时期，文创产业作为一种新兴产业和新兴艺术逐渐兴起，故宫博物院作为我国规模最宏大、名气最响亮的博物院之一，自然走在了文创产品开发的前列。

2008年，故宫博物院成立故宫文化创意中心，从此故宫文创便开始进入发展期。最初，故宫博物院的诸多产品还比较严肃，不够"接地气"。2013年台北"故宫"推出了大受欢迎的"朕知道了"纸胶带，北京故宫受其影响，也开始走上转型之路，原本庄严肃穆的故宫开始出现了"萌萌哒"文创产品。同年8月，北京故宫第一次面向公众征集文化产品创意，举办以"把故宫文化带回家"为主题的文创设计大赛。此后，"奉旨旅行"行李牌、"朕就是这样汉子"折扇等各路萌系路线产品使600岁的故宫以一种前所未有的姿态变得年轻。

近几年，故宫不断推陈出新，潮品爆款层出不穷，不断尝试花式营销玩法，600岁的故宫终于活成了"网红"。如今，故宫文创店十分火爆，各种新兴文创产品层出不穷。

殊不知2013年故宫就已经有了许多创新的尝试，当时故宫官方就推出了三款App。三款App均以故宫为设计灵感，颇具古风古韵，又有着现代的趣味性与设计感，分别为"胤禛美人图""紫禁城祥瑞""皇帝的一天"。三款App极具趣味，吸引了众多用户的关注。

2014年，故宫淘宝微信公众号刊登了《雍正：感觉自己萌萌哒》一文。此文迅速成为该公众号第一篇"10万＋"的爆文，雍正皇帝也借此成为当时的热门"网红"。

2015年8月，正值故宫博物院院庆90周年，故宫相继推出了"如朕亲临"的旅行箱吊牌、朝珠形状的耳机等一系列文创产品，各式各样的带有皇宫色彩的生活用品及工艺品萌翻了当下年轻人。2016年，故宫又推出了《穿越故宫来看你》系列产品，刷爆了年轻人的朋友圈，与之相关的各种动图也成为当时最流行的表情包。

当然，故宫文创产品为更多人所熟知，成为真正的超级"网红"，却要归功于以下几部影视节目，有《上新了·故宫》《我在故宫修文物》《故宫》《故宫100——看见看不见的紫禁城》。以《我在故宫修文物》为例，该节目是以修复故宫中的各种稀世珍宝为主题的纪录片，该片用年轻的视角走进古老的故宫，第一次系统梳理了中国文物修复的历史源流，揭秘世界顶级文物"复活"技术。同时，以上节目的播出也引发了人们关于故宫文物的高度关注，与之相伴而产生的各种文创产品，也自然有了大量的受众群体。

二、故宫博物院文创产品内容

以故宫博物院为灵感设计而成的文创产品多如牛毛，涉及我们日常生活的各个方面，可谓包罗万象，应有尽有。以下对故宫博物院的部分文创产品进行展示与介绍。

（一）杯盘茶器类

故宫文创杯盘茶器类产品主要有鹿鹤同春茶杯茶罐礼盒套装、十二月花神咖啡杯、故宫雪趣马克杯、千里江山观山杯、青碧山水鎏金水晶玻璃杯等。

1. 鹿鹤同春茶杯茶罐礼盒套装

鹿鹤同春茶杯茶罐礼盒套装的创意灵感源自故宫博物院御花园万春亭与《广绣鹤鹿同春图》。万春亭是御花园中的标志性建筑，其色彩绚丽，浑然天成，造型精美，别具一格。

鹤与鹿在我国传统文化中一直被人们视为祥瑞之兽，其性格温顺、灵动，将鹤与鹿结合到一起，并运用现代技术创作成为一幅十分精美的图画。产品上绘有紫禁城建筑，远处的层峦山峰，缥缈的卷云，以及展翅翱翔的仙鹤，意境深远，引人遐想，这既让产品被赋予了传统艺术的美感与意境，也让博大精深的文化体系有了更加久远的传承。

该产品主色调有靛蓝色、白色、深蓝色，均以鹿鹤同春为主题元素，但是具体的细节有所不同。它运用瓷质滤网，更加环保和健康，同时也十分容易清洗，不容易留下茶渍，即使只是放入一半的水，也可以茶香四溢。另外，根据用户需求的不同，产品还有不同的规格，茶罐分为 60 ml、100 ml、300 ml、800 ml 四种规格。

2. 十二月花神咖啡杯

十二月花神咖啡杯的创意灵感源自故宫博物院所收藏的五彩十二月花卉纹杯。五彩十二月花卉纹杯制造于清朝康熙年间。每一杯的规格尺寸均为高 4.9 厘米，口径 6.7 厘米，足径 2.6 厘米，杯撇口，圈足，足见古代匠人工艺手法之高超。五彩十二月花卉纹杯的外底青花双圈内署"大清康熙年制"双行六字楷书款。杯胎轻体薄，色彩清新淡雅，釉面细润洁白。五彩十二月花卉纹杯以 12 件为一套，按照一年 12 个月分别在杯上描绘代表各月的花卉，再配以诗句加以赞美。

十二月与纹杯花卉的对应情况如下表所示（表 7 - 1）。

表 7 - 1　十二月与纹杯花卉的对应情况

一月	水仙	七月	兰花
二月	玉兰	八月	桂花
三月	桃花	九月	菊花
四月	牡丹	十月	芙蓉
五月	石榴花	十一月	月季
六月	荷花	十二月	梅花

中国古人素来注重意境，强调借物言志，借景抒情。而最能体现意境和抒情咏志的载体莫过于各种各样的花卉，这从古人的诗文中即可窥见一斑，如《咏梅》《过故人庄》等。

十二月花神咖啡杯提取十二月花卉纹杯中的"四月牡丹""六月荷花""九月菊花""十二月梅花"元素，分别代表春夏秋冬四季。产品色彩清新，做工精美，国风十足，意蕴深长，既有传统文化元素的体现，也结合了西方现代茶具造型艺术的美感，颇具创意性。产品材质为高岭土，运用手工金粉描边与手工贴花工艺制成，每一份杯具包含杯子与碟子两件，图案相互映衬，杯子尺寸为长11.5 cm，宽9 cm，高7 cm；碟子尺寸为长14.5 cm，宽14.5 cm，高2.5 cm。

3. 故宫雪趣马克杯

故宫雪趣马克杯以雪后的故宫场景为灵感设计而成。紫禁城距今已经有600多年的历史，见证了明清两代的更替与变迁，规模宏大，构造巧妙，雕梁画栋，巧夺天工，在红墙金瓦之间，足见古人造型技艺之高超。该马克杯以故宫雪景为原型，杯子通体为红色，象征着紫禁城的红墙，在杯身上绘有少量白色的雪花，平添了几分雪中意境美感。杯盖为纯白色，造型好似屋顶房檐上的积雪，而在杯盖的顶部，设计者别具匠心地设计了几座微缩的紫禁城宫殿，屹立在皑皑白雪之上。

值得注意的是，这杯盖顶部微缩的紫禁城还能够供使用者放置手机之用，以便于观看影视剧。另外，杯托也包含了设计者的巧思，上面有一个戴有宫廷侍卫帽子的雪人形象，给产品增加了一丝趣味性。产品的基本材质为陶瓷、硅胶、PVC，运用滴胶、高温瓷、釉上彩的工艺，杯身高87 mm，杯口直径为97 mm。

4. 千里江山观山杯

千里江山观山杯是以故宫博物院馆藏著名文物《千里江山图》为设计灵感而制成的文创产品。《千里江山图》为北宋时期著名画家王希孟的画作，该画作气势宏大、气象万千，展现出祖国的锦绣山河，以及作者的辽阔胸怀。《千里江山图》中主要呈现了连绵逶迤的群山，山峰高低远近错落有致，江河交错，烟波浩渺，场面十分壮丽。仔细观之，亦可发现画作中的亭台楼阁、茅居村舍、水磨长桥及捕鱼、驶船、行旅、飞鸟等，描绘精细，意态生动。值得一提的是，《千里江山图》整幅图的色调为青色、绿色，色彩搭配生动明亮，深刻体现了大自然的鬼斧神工，如今观之，依旧感觉整幅画卷富丽堂皇，实为传世经典名作。

千里江山观山杯提取《千里江山图》中的石青石绿山峦色彩与山峦造型，巧妙运用浮雕工艺，形成了美学中的"观山"意境，将古人的意境之美描绘得淋漓尽致。同时，观山杯以精致简约的设计风格，搭配山河气象的辽阔壮美，真实展现了东方之美，给人以含蓄内敛且浑厚沉着的感受。产品还与书画相结合，以书法入陶瓷，以一笔勾勒的方式展现山峰的别样形态，有"江山起点""江山横越""江山勾画""江山回环"等几种不同的款式供用户选择。

5. 青碧山水鎏金水晶玻璃杯

青碧山水鎏金水晶玻璃杯是以《青碧山水图》轴为设计灵感而制成的文创产品。《青碧山水图》轴制作于南宋时期，文物规格为高 88.5 cm，宽 37 cm，采用"掺和戗""长短戗"等手法，展现出山水美景的意境。该图轴缂丝运梭如运笔，不失分毫，线条勾勒有力，设色明丽天成。它再现了江南大自然空灵开旷的情趣，又具有笔墨山水画所不能具有的工艺质感之美。它是沈氏缂丝山水画的代表作之一，实为不可多得的珍贵文物。

青碧山水鎏金水晶玻璃杯颇具创意性，将《青碧山水图》中的山峰以负形雕塑的方式融入玻璃杯底部，与水晶的透明质感交相辉映，形成一道亮丽的微缩景观。同时还以卷轴之形将原作与说明书融为一体，无处不体现着宋代美学的高深造诣。产品制作过程十分考究，由经验丰富、手艺老到的师傅严选优质无铅水晶作为原料，经过多种工艺，最后手工吹制而成。底部的江山造型采用人工鎏金工艺，既让造型更加通透美观，也足以彰显古韵风味。另外，此产品的杯垫也颇具创意，设计者将国画印于杯垫之上，与杯子底部的金山造型互相衬托，真正做到了"美图美景、交相呼应"。

（二）手账文具类

故宫文创手账文具类产品主要有脊兽黄铜书签礼盒、照月花影来钢笔礼盒、万事胜意钢笔手账本礼盒、手工彩绘乾隆海水双龙珐琅笔架山、珐琅花果纹收纳盒等。

1. 脊兽黄铜书签礼盒

脊兽黄铜书签礼盒是以紫禁城太和殿殿顶垂脊上的神兽为灵感设计而成的文创产品。太和殿是与保和殿、中和殿并列的故宫中最为主要的建筑之一。谈起太和殿（金銮殿），许多人或许认为它是上朝专用的建筑，而根据考古学家研究证明，太和殿其实是专门用来举行各种盛典的重要场所，真正上朝的地方是太和门和乾清门。不过由于王朝盛典每年仅举办几次，所以太和殿使用的频率也很低。太和殿造型独特，工艺精良，堪称古代皇家建筑艺术的典范。在太和殿的殿顶垂脊上有十个镇瓦神兽，这些神兽在《大清会典》中有所提及，十个脊兽依次为"龙、凤、狮子、天马、海马、狻猊、押鱼、獬豸、斗牛、行什"。

脊兽黄铜书签仿照这些脊兽的外观进行设计，有十种不同的样式，分别吸取这些脊兽的精髓，以黄铜作为主要材料，运用镂刻的工艺手工打造。书签的长度为 92 mm，外观扁平，宽度根据不同脊兽而有所不同。

2. 照月花影来钢笔礼盒

照月花影来钢笔礼盒是以故宫博物院馆藏《花月图》册为设计灵感而制成的文创产品。产品主视觉选用了原画中的"满月桂花"图案，寓意学子蟾宫折桂。在花朵造型和配色上增加了清新唯美的感觉，并与三交六椀等建筑元素搭配使用，创造出崭新的视觉风格，富于装饰性与设计感，圆融馨香的感受跃纸而出。

该礼盒套装包括钢笔一支、笔套一个、墨水一盒、胸针一个、明信片一张，均围绕《花月图》的桂花而精心设计，整体色调为淡绿色，给人以清新、温婉、典雅、淡然之感。产品包装精致，摆放考究，在充满视觉美感的同时，也给受众提供了满满的仪式感。总的来看，照月花影来钢笔礼盒兼具古代与现代的特点，结合了宫廷元素与现代工艺，打破了守旧的文具模样，拓宽了原有文具的认知。

3. 万事胜意钢笔手账本礼盒

万事胜意钢笔手账本礼盒是以故宫博物院的哈罗哈罗观世音菩萨唐卡为设计灵感而制成的文创产品。唐卡是藏传佛教中常见的一种绘画艺术形式，绘画内容多为佛教中的人物形象，哈罗哈罗观世音菩萨唐卡中绘有吉祥八宝，藏语称为"扎西达杰"，此八宝分别为宝伞、宝鱼、宝瓶、莲花、白海螺、吉祥结、胜利幢、金法轮。在藏传佛教的观念中，八宝还可以共同组成一个整体图案，这种整体图案在藏语中称为"达杰朋苏"。

万事胜意钢笔手账本礼盒对传统文化做出全新的诠释，吸收佛教唐卡中的八宝元素，运用本子封面设计，使用 UV 工艺真实还原色彩，让图案更加精美。翻开手账本，在不同的页面之上，也有"万事胜意""清净悦意""妙音祥和""平安吉祥""福运长久""吉庆有余""福慧圆满""风调雨顺"的字样，并配有精美的图案，这使得记录与书写也成为一件趣事。而在配套的钢笔上，设计者也下了一番功夫，钢笔的笔帽上别出心裁地体现了吉祥八宝的纹样，展现传统文化的经典之美。

4. 手工彩绘乾隆海水双龙珐琅笔架山

该文创产品的设计灵感来自故宫博物院馆藏文物掐丝珐琅海水云龙纹笔架。此文物由笔架、水丞、墨床、镇纸组成，是皇帝书写时用的文具。其铜胎规矩，釉色纯正，镀金辉煌，为清乾隆时期的珐琅器精品。设计者按照实物尺寸等比例缩小构造，经过9道上色工艺制作完成。可以看到该笔架山整体色调为蓝色，底部有鎏金纹样，主体图案是传统纹样之一海水江崖纹，意蕴十足，在笔架中心绘有两条海龙，形象逼真，栩栩如生。

5. 珐琅花果纹收纳盒

珐琅花果纹收纳盒是以故宫博物院馆藏掐丝珐琅花果纹盒为灵感设计而成的文创产品。在我国传统文化中，各种纹样和图案都有着不同的寓意，其中花果纹是一种寓意吉祥的传统纹样。该产品吸收珐琅花果纹的文化元素，以精美的工艺手段与彩绘手法制成了造型精美、小巧精致的收纳盒。收纳盒可以盛放各种小型物件，如戒指、耳环、手环等。同时，文创设计者别具匠心地在收纳盒上面增加了一个小狮子造型，外观憨态可掬，十分可爱，给造型古朴典雅的产品增加了一些现代感与趣味性。

（三）居家生活类

故宫文创居家生活类产品主要有麒麟图折扇、纸雕灯、宫猫花影小夜灯、汝窑天青釉瓷器等。

1. 麒麟图折扇

麒麟图折扇是以传统文化中神兽麒麟为设计灵感制作而成的文创产品。在古人的思想中，麒麟是祥瑞之兽，古人常以麒麟比喻德才兼备的当世奇才。事实上，早在先秦时期麒麟就已经在文献中有所记载，古籍《礼记》中有"麟、凤、龟、龙，谓之四灵"的说法，而"麟"位于四灵之首，足见其在瑞兽中的重要地位。

时代更迭，历朝历代仍然沿袭这些思想元素，在朝廷官员的朝服上也绘有神兽纹样，一般文官绣禽类，武官绣兽类。麒麟图折扇，吸收传统文化，以神兽麒麟作为创意灵感，代表了对于扇子主人的美好希冀。扇子主体颜色为黑色，上面绘有金色的麒麟图案，印制精美，典雅夺目，鎏金异彩，威武神气。

2. 纸雕灯

纸雕灯，是我国古代的一种工艺品，起源于汉朝时期，具有照明作用与审美功能。故宫文创设计者以纸雕灯为设计主体，并为之赋予了三种不同的文化元素，分别为故宫锦鲤纸雕灯、桃花梦境纸雕灯、故宫角楼纸雕灯。顾名思义，三种纸雕灯分别以锦鲤、桃花梦境、故宫角楼为设计灵感。

锦鲤纸雕灯外形模仿馆藏文物锦鲤图案，灯体为半圆形，底部有浪花状纸雕与跃水而出的锦鲤，这代表着包含古人美好祝愿的锦鲤与现代技术的巧妙结合。桃花梦境纸雕灯以故宫藏品《桃花图》为设计灵感。桃花在传统文化中具有多重寓意，象征着春天、爱情、长寿、美好生活等。该产品整体为粉色调，以符合真实的桃花颜色，创意增加了宫猫形象。两只宫猫一只在熟睡，另一只蹲坐一旁，十分悠哉，给产品增加了灵动性与趣味性。产品以"桃花入灯"，又结合宫猫形象，展现出春光下桃花含烟带雾，宫猫怡然自得的画面，颇有"习习香薰薄薄烟"的诗意。故宫角楼纸雕灯以故宫角楼为设计灵感。角楼是我国传统建筑的重要组成部分，角楼的造型庄重威武，结构复杂。文创产品模拟角楼的外形，采用多种巧妙的结构，使产品既表现了古代角楼雄壮威武的特征，又让产品的细节充实丰富有趣。

3. 宫猫花影小夜灯

宫猫花影小夜灯的创意灵感为宫猫。早在唐朝时期，皇室成员就已经有了饲养家猫的习惯，因此称之为"宫猫"，而专门负责照看和饲养这些宫猫的人员即"狸奴"。到了宋朝，宫廷养猫已经成为一种流行的风尚，除了皇族之外，许多达官显贵也加入了养猫的"大军"之中。明清时期饲养宫猫的热度仍未降低，达到了历史上饲养宫猫的高潮时期。例如，紫禁城中就有许多专门饲养猫咪的"猫儿房"，如今仍然有当时留存下来的相关器具物品。如今，宫猫已然成为紫禁城的"明星代言人"。设计者别出心裁地以宫猫为设计灵感，将宫猫形象寓于生活用品之中，创造出一系列宫猫题材的文创产品，最主要的则当属宫猫花影小夜灯。

4. 汝窑天青釉瓷器

汝窑，为我国宋代五大名窑之首。其瓷器色彩、造型等均属上乘，深受历代君王的喜爱，宋徽宗与乾隆帝都是汝窑瓷器的"忠实粉丝"。乾隆帝曾在汝窑瓷器上作诗云："紫土陶成铁足三，寓言得一此中函。易辞本契退藏理，宋诏胡夸切事谈。"如今，许多汝窑的工艺品已经消失殆尽，有些即便存在也残缺不全。文创设计者十分重视汝窑文物的历史价值，在经过研究与考证之后，以汝窑瓷器为灵感开展文创设计，最具代表性的为天青釉三足洗与天青釉弦纹樽。

天青釉三足洗承盘圆口，浅腹，平底，下承以三足。里外施天青色釉，釉面开细碎纹片。外底满釉，有 5 个细小支烧钉痕。此器造型规整，釉呈淡天青色，柔和温润。天青釉弦纹樽釉质莹厚，有如堆脂，视如碧玉，叩声如磬。

（四）伞包服饰类

故宫文创伞包服饰类产品主要有暗香疏影贝珠系列胸针、紫禁彩画艺术丝巾、黑金酷感铠甲包等。

1. 暗香疏影贝珠系列胸针

暗香疏影贝珠系列胸针有三种款式，为硕果累累、金枝玉叶、福禄胸针，是以故宫馆藏名画《海棠蛱蝶图》《果熟来禽图》《梅花绣眼图》为设计灵感创作而成的文创产品。其中《海棠蛱蝶图》最为著名，该画作描绘的是阳春三月蛱蝶翩翩飞舞于海棠花朵之间的景象。画家着重表现海棠在乍起的春风中花枝招展的动感瞬间，花朵偃仰向背，叶片翻卷辗转，枝干呈"S"形的曲张之态，通过描绘有形的花叶，成功地渲染出了无形的醉人春风和隽永的春意。

暗香疏影贝珠系列胸针造型精美，吸收了传统名画的元素，将画中的花朵景观立体化，好像将虚拟的绘画变为现实一般，花型立体，花瓣、花蕊、枝叶与小雀刻画细致，栩栩如生，灵动自然。同时，设计者在局部点缀珍珠海贝琉璃粉水晶，更加凸显了该文创产品的典雅与卓越之感。

2. 紫禁彩画艺术丝巾

紫禁彩画艺术丝巾是以故宫博物院建筑彩画为设计灵感而制作的产品。在紫禁城中，出于美观、象征、等级的考量，传统匠人在王公贵族的命令之下，曾在城中的建筑上留下了大量的彩绘，包括和玺彩绘、旋子彩绘、苏式彩绘。在等级森严的时代，不同的彩绘有着不同的意义，象征着不同的身份，所以各类彩画构图十分严谨，图案生动丰富，颜色亮丽，搭配协调，给人以富丽堂皇与盛大辉煌之感。

其中，和玺彩绘是汉族建筑彩绘等级中的最高级，同时也是清代彩绘中等级最高的。它构图严谨，图案复杂，一般只用于宫殿、坛庙等大建筑物的主殿，普通建筑是没有这样高级的彩绘装饰的。和玺彩绘还可细分为"金龙和玺""金凤和玺""龙凤和玺""龙草和玺"等种类，表现了先进的营造技艺，又蕴含着深厚的汉族文化底蕴，具有极高的美学价值、学术价值和使用价值。

该文创产品以和玺彩绘与旋子彩绘为主要灵感，加入设计者的现代化创作思路，并结合多元文化，适当融入了波西米亚风格的造型艺术，将产品整体的图案与色彩深度解构并重新组合，以传统融入时尚，以时尚创新灵感。该产品采用抽象的造型处理、几何化的视觉语言、新的工艺手段，兼具现代与传统之美。除了多元的图案与色彩设计之外，此艺术丝巾还运用了大量的现代制造工艺，包括机器卷边工艺、数码印刷工艺，具有更加华贵的质感与美感。

3. 黑金酷感铠甲包

黑金酷感铠甲包是以故宫博物院藏品青花八宝纹双耳宝月瓶为灵感而设计的

文创产品。青花八宝纹双耳宝月瓶制造于清朝乾隆时期，高34.5厘米，口径5.8厘米，足径8.5×12.5厘米。瓶直口，细颈，颈肩相交处饰对称的如意形双耳，扁圆腹，腹两面中心凸起，椭圆形圈足。瓶圆若满月，故称"宝月瓶"或"抱月瓶"。通体以青花为饰，口沿绘回纹，颈部纹饰分两层，上部绘上仰的如意云纹，下部绘缠枝花纹。腹心凸起处绘宝相花，外以回纹、莲瓣纹环绕，中心绘八瓣宽体莲瓣形开光，开光内分别绘八宝纹，腹体两侧各绘缠枝花四朵。足墙绘缠枝灵芝纹。足底施白釉，内署青花篆书"大清乾隆年制"六字三行款。

设计者深入挖掘传统纹样元素，以现代设计方式与传统元素相结合，经过浓缩与提炼，形成了新潮与纹样相结合的背包饰品。背包整体色调为黑色，表面印有大量以"八宝"为主题的小型图案，并穿插印有藏语"扎西德勒"（吉祥如意），饱含深切美好的祝愿。产品尺寸为高310 mm，宽200 mm，厚80 mm。

（五）珠宝首饰类

故宫文创珠宝首饰类产品主要有花丝如意葫芦饰品、有凤来仪蜜蜡饰品、五福梅花古风首饰、故宫蓝平安珐琅吊坠、太平宝象和田玉吊坠等。

1. 花丝如意葫芦饰品

花丝如意葫芦饰品是以故宫博物院藏品金镂空葫芦式香薰为灵感而设计的文创产品。在传统文化中，人们取"福禄"谐音认为葫芦是吉祥如意的象征，代表着"子孙万代、繁茂吉祥"。在紫禁城的各殿堂之内，陈列的金银制品与各种香薰比比皆是。该藏品属于香薰文物之中的珍品，造型巧妙，工艺细致。高42厘米，口径7.3厘米，底径13.5厘米。香薰为金质，葫芦形。通体以"寿""喜""卍"字相间组成镂空图案，以为散香之用。中央开光处有"大""吉"二字，侧饰双蝠衔链纹。香薰内有银质光素盛香胆。器下置紫檀木座。文创设计者吸收如意葫芦的传统文化元素，为现代的项链、耳环、耳环等饰品赋予新的美感。产品采用镂雕工艺与拉丝工艺，凸显雅致感与尊贵感。

2. 有凤来仪蜜蜡饰品

有凤来仪饰品是以故宫博物院馆藏的金累丝九凤钿口、银镀金点翠嵌珠宝钿花、金镶珠翠耳坠三件文物中局部凤凰元素为设计灵感，创作而成的一套琥珀首饰套装。凤凰在中国传统文化中是华贵、伟岸、进取、太平的象征，是人们心目中的祥瑞神鸟。我国许多地区的古人都曾将凤凰奉为图腾，每逢特定日期都会对其进行一系列祭祀与朝拜活动。凤凰还代表着幸福和吉祥，象征着美满、和谐的爱情。另外，凤凰还是权力的象征，一般出现在各种皇宫建筑、使用器物之上。

需要注意的是，此文创产品除了大量吸收凤凰的元素，用于饰品外形设计之外，还以蜜蜡作为重要的设计材料。蜜蜡是一种珍贵的有机宝石，具有较高的收藏价值。设计者别出心裁地将蜜蜡镶嵌在项链、耳钉之上，更增加了产品的魅力。

这样一套以凤凰为主题的饰品不仅内涵丰富，而且工艺精湛，细节考究，整体高端大气，富丽华贵，给人以端庄典雅之感，是现代设计艺术与古代传统元素的巧妙结合，在传承传统文化的同时更彰显出一定的审美艺术层次。

3. 五福梅花古风首饰

五福梅花古风首饰是以故宫博物院馆藏文物清代累丝镶宝梅枝金鬓簪为创意设计的文创产品。在中国传统文化中，梅花属于十大名花之一，开百花之先，独天下而春。花分五瓣，有"五福花"之美誉，受到人们的追捧，也曾广泛出现于历朝历代文人墨客的诗词之中。梅花象征着不屈不挠、坚韧不拔的品格与精神，这与古代典籍《易经》所云："天行健，君子以自强不息；地势坤，君子以厚德载物"相一致，也与作为我国思想价值体系主体的儒家文化所推崇的君子品格相一致。

五福梅花古风首饰以故宫博物院馆藏文物清代累丝镶宝梅枝金鬓簪作为灵感，集沉稳古朴与秀丽端庄于一体，既具有古风古韵，又有现代简约艺术之美，同时还被赋予了"五福"的美好希冀和祝愿。首饰套装包括项链、胸针、手镯、发卡、发簪，主要的材质为黑檀木、玛瑙、琉璃、金属铜。每一个饰品都有做工精美的浅绿色"叶片"、纯白色"花瓣"，以及红玛瑙"花蕊"，整体造型立体，精致轻盈，美观大方。

4. 故宫蓝平安珐琅吊坠

故宫蓝平安珐琅吊坠是以故宫博物院藏品清雍正款窑变釉弦纹瓶为设计灵感制作的文创产品。清雍正款窑变釉弦纹瓶为雍正年间清宫御用瓷器，高25.3 cm，口径 7 cm，足径 11.7 cm。瓶撇口，细长颈，扁圆腹，腹下斜直收至底，圈足外撇。通体施窑变釉，有红、黄、蓝、月白等色，釉面光润。颈至肩凸起弦纹 7 道。足内施酱釉，阴文篆刻"雍正年制"双行四字款。在中国传统文化中，"瓶"与"平安"的"平"谐音，人们取平安之意，以"瓶"象征"平安""富贵""吉祥"等。久而久之，人们也习惯在屋内摆放各种花瓶，以祈求平安。故宫蓝平安珐琅吊坠通体蓝色，与雍正珐琅瓶颜色相得益彰，蓝色纯净并具有一定的光泽。设计者对其进行多次打磨，运用珐琅工艺与抛光工艺，深度还原文物的精美外观。该产品造型美观，尺寸小巧，既具有传统文化平安祥瑞之意，又具有一定的市场潮流性，实现了文化与创意的深度融合。

5. 太平宝象和田玉吊坠

太平宝象和田玉吊坠是以扎什伦布寺吉象壁画为设计灵感而制作的文创产

品。扎什伦布寺位于日喀则，建于 15 世纪，是我国著名的藏传佛教寺庙，该建筑融合了传统建筑特色与丰富的佛教元素。寺中留存有诸多珍贵壁画，其中吉象壁画为人们所熟知，壁画十分精美，色泽明亮，画面具有想象力，以及异域风情。在我国传统文化中，"象"与"祥"谐音，同时大象也具有勤劳能干、聪明灵性的特征，因此象在我国古代还代表着吉祥与勤劳。

太平宝象和田玉吊坠以扎什伦布寺壁画的吉象为原型，包括青玉吊坠、白玉吊坠、银镶玉吊坠三种类型。整体设计别具一格，妙趣横生，细节生动。吊坠通体透亮，洁白无瑕，象鼻向上卷起，增添了几分俏皮与活泼。产品将藏传佛教文化、传统文化、现代艺术巧妙结合，气韵十分生动。

第二节　国家博物馆文创产品

一、国家博物馆文创产业简介

国家博物馆，简称国博，位于北京市中心天安门广场东侧，是我国最高历史文化艺术殿堂和文化客厅，从 1926 年正式开馆，至今已经走过了将近 100 个年头，国博也在这近百年间取得了诸多重大的成就与突破。如今，国博不仅坚持做好文物保存、维护、展览、教育等相关活动，还十分注重文创产品的设计与开发，成为国内重要的文创产业。

（一）国家博物馆

国家博物馆的发展历程如表所示（表 7 - 2）。

表 7 - 2

年份（年）	事件
1912	设立国立历史博物馆筹备处，以国子监为馆址。
1918	馆址迁移至故宫的端门与午门。
1920	国立历史博物馆正式成立。
1926	正式开馆。
1949	更名为国立北京历史博物馆。
1958	中央革命博物馆筹备处在天安门广场东侧修建新场馆，并与次年竣工。
1969	中国历史博物馆和中国革命博物馆合并，称中国革命历史博物馆。
1983	分设为中国历史博物馆和中国革命博物馆。
2007	中国国家博物馆正式开启改建与扩建项目。

续　表

年份（年）	事件
2010	中国国家博物馆改扩建工程竣工。
2012	中国国家博物馆建馆 100 周年纪念大会在国博剧场举行。
2018	曾在英国被拍卖的圆明园文物青铜"虎鎣"正式入藏中国国家博物馆。
2019	中国国家博物馆新官网上线。
2020	中国国家博物馆蝉联全球最受欢迎博物馆第二名。

中国国家博物馆主要包括如下几个展厅，分别为"古代中国""复兴之路""复兴之路·新时代部分"等，此外还有部分临时展厅与交流展厅，以供特殊时期所使用，用来展出一些其他类型的展品。

"古代中国"展厅中展出物品 2000 余件，其中包括大量一级文物与若干其他级别重要文物。"古代中国"展厅根据朝代更替先后次序进行陈列，以珍贵文物为核心，深度展现华夏文明的厚重感与传承性，时期划分为：远古时期、夏商西周时期、春秋战国时期、秦汉时期、三国两晋南北朝时期、隋唐五代时期、辽宋夏金元时期、明清时期。在此展厅中的重要展品如下：旧石器时代人类文物复制品、青铜镜、青铜尊、四羊方尊、王子午鼎、吴王夫差鉴、琅琊刻石、三彩骆驼载乐俑、彩绘浮雕武士石刻、绿釉鸱吻、明孝靖皇后凤冠、郑和铜钟，等等。

"复兴之路"展厅中所展览的文物多为近代的实物、文献、模型、图表等，生动展现了从 1840 年鸦片战争到中华人民共和国正式成立这 100 多年的历史，真实反映了中国近现代史的脉络与进程，诉说着一段又一段可歌可泣的反帝反封建斗争史。

"复兴之路·新时代部分"展厅包含十个单元，向观众全面展现了中华人民共和国自党的十八大以来所产生的巨大变化，该展览以习近平新时代中国特色社会主义思想为指导，主题突出，内容丰富，并告诉我们中国已经"到了哪里"，并将"到哪里去"，做好了对现阶段所取得成就的总结以及对未来的展望。

（二）国家博物馆文创产业

进入 21 世纪，国家博物馆开始注重文创产业的发展，除了坚持做好文物的保护、陈列、展览等工作之外，工作人员还全面采集馆藏文物的信息，深入探寻文物所包含的内在文化积淀，设计开发具有国博特色的文创产品，努力探寻一条文创发展的新型道路。

2009 年国家文物局倡导"把博物馆带回家"，这更促进了国博的文创发展之路。

2015年3月，国务院颁布《博物馆条例》，提出在允许博物馆多渠道筹措资金加强自身发展的同时，鼓励博物馆开发衍生产品，增强自身发展能力。

2016年5月，国家颁布《关于推动文化文物单位文化创意产品开发的若干意见》，就我国文创产业现状指明了要求，提出了意见。

2017年2月，国家文物局在《国家文物事业发展"十三五"规划》中更是提出打造多个博物馆文化创意产品品牌，建立研发基地。

虽然国博文创刚刚起步时经验不足、人才短缺，可是国博却未曾放弃，在文创道路上坚持不懈，并在政策的引导与支持下，逐渐蓬勃发展起来。国家博物馆始终坚持"适应市场还要引导消费"的创新理念，经过近十年的发展，如今的国博文创产业越做越大，成为我国极具代表性的文创产业之一，其设计与开发的文创产品种类也越来越多。

国家博物馆文创产业的基本理念如下：

第一，把"国宝"文明带回家，希望文创产品能够在文化层面或外形层面更多地接近原文物，给受众一种与文物距离在逐渐拉近的感觉，使文创产品成为博物馆展览功能与教育功能的延伸。

第二，充分尊重"国宝"，深刻认清文物的重要文化意义与历史意义。每一件文物都经历了岁月的洗礼，凝聚着古人的智慧与劳作，见证了历史的沧桑巨变。任何文创产品都要凸显文物之美，要杜绝"恶搞创作"的情况。

第三，在使用中了解"国宝"，即开发文化衍生产品时既要注重其历史性和艺术性，又要尽可能赋予产品实用功能，让消费者在使用中不断强化"国宝"所承载的文明的故事。

第四，注重文创产品的人性化，从产品外观造型到材质，要尽量减少对孩子或者对使用者的伤害，产品很少有很尖锐的棱角，同时选择环保材质，考虑运输当中的安全性，兼顾消费者使用、储藏方便。

如今，国家博物馆早已结合时代特征，开创网上展览馆与网络文创馆，在互联网这一新型平台上，进一步加强其延伸文化服务功能。目前，国博文创馆自主开发文创产品近5000款，涵盖了创意家居、办公用品、文具、服装配饰、邮品、玩具、电子产品、商务礼品等十二个大类，可满足不同消费层次人群的需求。

二、国家博物馆文创产品内容

国家博物馆文创产品种类繁多，尤其是2016年1月开始进行博物馆"馆藏IP＋互联网"的深度融合探索之后，国家博物馆与众多优质的社会力量开展合作，一方面深挖博物馆IP资源和文创产品设计开发的潜力；另一方面，利用国博特有的馆藏文物资源、学术支撑与众多行业头部品牌进行授权合作，开拓了博物馆文创产业合作发展的新模式。国博文创产品主要可以分为以下几大类别，分别为"古韵家居""国风配饰""国博文房""雅致生活"。

（一）"古韵家居"

"古韵家居"的主要产品有秋影金波茶具礼盒、风调雨顺快客杯、大观园纸雕灯、海晏河清香薰套装等。

1. 秋影金波茶具礼盒

秋影金波茶具礼盒是以苏州石刻天文图为设计灵感制作而成的文创产品。此天文图是我国和世界上现存绘制年代最早的、星数最多的石刻天文图，总高约2.45米，宽约1.17米，星图本身直径约85厘米。该天文图分两部分，上部分是星图，下部分刻着说明文字，图文对照，相得益彰。它是根据北宋元丰年间（1078－1085）的观测结果，由黄裳于南宋光宗元年（1190）绘图，王致远于南宋淳祐七年（1247）刻制而成的。苏州石刻天文图代表了北宋时期我国天文学者的极高学术造诣，深刻反映了当时我国的天文水平已经达到了一定的高度，给今天的历史研究与天文研究提供了宝贵的借鉴与思路。

秋影金波茶具礼盒包括茶壶、品茗杯、主人杯、点心盘、香盒、刀叉等，均为陶瓷材质，在每一个产品上都能够清晰看出天文图的文化元素，尤其在点心盘中体现得尤为明显。盘面为辐射状星图，主题色调为深蓝色，宛如夜晚的星空。产品美感十足，除了具有一定的文化价值之外，还具有浓厚的艺术价值，给使用者带来一定的视觉享受。

2. 风调雨顺快客杯

风调雨顺快客杯是以郑和铸铜钟为设计灵感而制作的文创产品。郑和铸铜钟又名三清宝殿铜钟，是明朝著名官员郑和准备第七次下西洋之前所铸造。钟高68厘米，钮高14厘米，口径49厘米，重77千克。此钟造型精美，气势雄浑，钟肩表面浮印十二组云气如意纹，腹中部以云水波浪纹为母题，还铸有铭文、八卦、云雷等字纹；主纹饰上部环绕一周八卦纹，共五组，其中第二、四组各铸有"国泰民安"和"风调雨顺"铭文。

风调雨顺快客杯以郑和铸铜钟为灵感，产品包含一个茶壶与两个茶杯，磨砂哑光釉增加了产品的质感，主要材质为陶土，品质优良。在茶壶的表面，以现代工艺和手法赋予了古韵纹理与"风调雨顺、国泰民安"八字，颇具古风。产品整体构造神似郑和铸铜钟，将铜钟文物的古朴质感与文化元素在此快客杯套装上展现得淋漓尽致。

3. 大观园纸雕灯

大观园纸雕灯以清代《大观园图》为灵感设计而成。《大观园图》是由清朝无名氏画家根据曹雪芹的《红楼梦》而创作的绘画作品。该图是发现尺幅最大、所绘人物最多的单幅《红楼梦》题材绘画作品。整幅图展现了蘅芜院、凸碧山庄、蓼风轩、凹晶馆、牡丹亭五处不同形式的建筑，以及在这样情景之下所生活的不同人物。画面中共计出现 173 人，每个人物都各具特色，形态生动，栩栩如生。大观园纸雕灯以《大观园图》为原型，运用现代剪纸工艺，并结合现代光影效果，使静态的剪纸瞬间呈现出栩栩如生的奇妙效果。

4. 海晏河清香薰套装

自古以来，香囊就承载着中国人的礼与情，也祈愿着安康，赏香也成了一件十分浪漫的风韵雅事。该香薰用一枚香囊唤醒最初始的气韵，让现代生活中多了一份古人的风雅，于是便有了这一枚精致的海晏河清香囊。不同于常见的布袋香包，它由唐代金银香球演变而来，仿照古代金属香囊的形式，以精炼黄铜打造，以玛瑙、翡翠搭配点缀，手工制作而成。挂件整体精巧华丽，灵动有趣。

此产品以国博馆藏文物海晏河清尊为设计灵感创作而成。海晏河清尊制成于 1760 年，是景德镇官窑为当年圆明园内海晏堂特别设计烧制而成的重要贡品。海晏河清尊名称取"海晏河清，四海升平"之意，饱含了创作者对于社会的美好希冀。海晏河清尊文化底蕴深厚，制造工艺高超，无论是胎料、底釉，还是烧制、着色、上色，都达到了极高的工艺水准。此文创香囊外形被打造成为海晏河清尊的形状，具有丰富的文化内涵，复刻了古代香囊的万向轴，还运用铸铜工艺，结合玛瑙、翡翠等珍贵饰品，给人以高贵典雅、古韵怡然之感。

(二)"国风配饰"

"国风配饰"的主要产品有玉龙首饰系列、以梦为马胸针徽章、长乐未央红手绳、杏林春燕首饰系列、新青年帆布包等。

1. 玉龙首饰系列

玉龙首饰系列包含指环、手镯、耳饰等一系列产品，均是以国家博物馆馆藏文物玉龙为设计灵感创作而成。龙，本就是中华民族的象征，我国历史上许多地区都曾奉龙为守护图腾，多年来龙的文化已经在中华人民心中根深蒂固。如今龙不仅是一个历史中的虚拟形象，更是激励我们奋发图强的精神之源。而玉龙是新石器时代后期红山文化的重要文物，它通体墨绿，光亮洁净，为岫岩玉雕琢而成，整体呈"C"字形，头部长吻修目，龙身卷曲自然，栩栩如生，做工精美，具有"中华第一龙"之美誉。

设计者以玉龙为创作灵感，以精湛的手法模拟龙的外观，运用高新工艺精雕细琢。产品整体造型古朴，同时具有活力，包含中华龙的文化，又具有很强的审美性。

2. 以梦为马胸针徽章

以梦为马胸针徽章是以 1980 年吉林省榆树市老河深墓葬出土的文物——鎏金神兽青铜牌饰为设计灵感而制成的文创产品。据历史学家考证，鎏金神兽青铜牌饰为汉代鲜卑族物品。马，在我国传统文化中象征着奋斗不止、自强不息，也因此常言道"龙马精神"，这与中华民族的传统民族气质与思想精神趋于一致。该文物虽制作于 2000 多年前的汉朝，却具有一定的未来感。神兽形象为展开双翅的飞马，造型灵动自然，为奔腾之状。根据鲜卑族古典文献《魏书》载："有神兽其形似马，其声类牛"，可知这一文物为鲜卑族根据神话而设计制作，对于我们研究古代文化有着极其重要的借鉴意义。

以梦为马胸针徽章以飞马为原型，以合金为材质，运用一系列创新工艺与手法，制成象征着梦想的飞马徽章。它既包含传统文化底蕴，又充满了设计者"以梦为马"的希冀与美好祝愿。

3. 长乐未央红手绳

长乐未央红手绳是以汉长乐未央瓦当为设计灵感而制成的文创产品。瓦当，是中国传统建筑中覆盖建筑檐头筒瓦前端的遮挡，一般学者以瓦当特指两汉时期的瓦片。早期瓦当只具有建筑实用功能，后随着人们审美水平不断提高，瓦当也具有了一定的艺术性，并且被赋予了比较深厚的文化象征意义。例如，古人会在瓦当上面绘制图案或文字，包括"几何纹""饕餮纹""动物纹"等。汉长乐宫瓦当颇具文化价值，上面有文字"长乐未央"或"未央长乐"，字体处于篆书与隶书之间，寓意深刻，代表着"长久欢乐，永不结束"。长乐未央红手绳中串有一金色饰物，外形与瓦当相似，并有镂空四字"长乐未央"，实现了古代瓦当文化与现代饰品的巧妙结合。

4. 杏林春燕首饰系列

杏林春燕首饰系列包括项链、手链、耳钉、戒指等，是以杏林春燕纹瓶文物为灵感而制作的文创产品。杏花与燕子都属于我国传统文化中的重要意象，在许多诗文中多可得见。杏花是春天的使者，象征着生发与希望。燕子在古代被称为"玄鸟""爱情鸟"，象征着吉祥，燕子进家则意味着"紫气东来"。馆藏文物杏林春燕纹瓶制作于清朝雍正年间，瓶直口，长颈，扁圆形腹，圈足。器身粉彩绘杏林春燕图。外底青花双圈内书"大清雍正年制"六字双行楷书款。杏林春燕图绘迎风的翠竹，横斜的杏枝，双燕栖息于杏花枝间，一只叼食，一只回首翘望，神态逼真，构成了一幅大地回春、春色满园、生机盎然的画面。

杏林春燕首饰取杏林春燕纹瓶的吉祥元素，围绕成月牙形状，图案精美雅致，寓意吉祥美好，深度融合传统文化元素与现代首饰工艺，呈现出独特的美感。

5. 新青年帆布包

新青年帆布包是以《新青年》杂志为设计灵感而制作的文创产品。《新青年》是20世纪上半叶流行于我国的杂志，是中国革命史上最重要的期刊之一，对于我国的反帝反封建斗争有着重要的指导意义。虽然距离《新青年》杂志创刊已过百年，可是其所蕴含的爱国精神与民族情怀却是当代年轻人始终不能忘却的。新青年帆布包吸收《新青年》杂志的元素，在包身上印有"新青年"三个字，字体模仿《新青年》杂志封面的字样，表达了做更优秀中国青年的希冀，更体现了对于"五四精神"的传承。

（三）"国博文房"

"国博文房"的主要产品有福禄寿喜木质书签套装、锦上添花书签套装、国博铜镜书签套装、花想闲云书签套装等。

1. 福禄寿喜木质书签套装

福禄寿喜木质书签套装是以馆藏清朝时期的瓷器文物为设计灵感而制成的文创产品。福禄寿喜木质书签套装包含四个不同的书签，每一个书签分别以清雍正粉彩过枝桃纹盘、清乾隆粉彩百鹿尊、清青花釉里红云鹤纹玉壶春瓶、清青花花鸟纹缸为原型。

2. 锦上添花书签套装

锦上添花书签套装是以明代《山茶锦鸡图轴》为设计灵感而制成的文创产品。锦鸡是一种十分漂亮的禽类，在传统文化中，锦鸡象征着光明、幸福、和谐等。《山茶锦鸡图轴》为明朝画家吕纪所画，画作中锦鸡立于树枝之上，颜色搭配巧妙，极具生机；画面整体色调为褐色，树枝上几朵红花点缀，加上石块与清泉的映衬，显得更加自然。锦上添花书签套装取《山茶锦鸡图轴》中的茶花、锦花、锦鸡的元素，进行创意性设计，运用现代设计，制成具有实用性的书签，还原每处细节的灵动，显得十分别致。

3. 国博铜镜书签套装

国博铜镜书签套装是以馆藏铜镜文物为设计灵感而制成的文创产品。在殷商时期，铜镜是用来祭祀的重要礼器，后来逐渐演变成为生活用具。伴随着时代的发展，铜镜的样式也是千差万别。馆藏的花瓣纹金银平脱铜镜、蟠螭纹铜镜、鎏金铜妆具、缠枝莲折角方形铜镜是传统铜镜的重要代表作。文创设计者对这四件文物进行深度还原，制造出四面具有相同花纹的书签，这为用户阅读生活增添了艺术的美感与历史厚重感。

4. 花想闲云书签套装

花想闲云书签套装是以馆藏文物青花云鹤纹长方盘为设计灵感而制成的文创产品。青花云鹤纹长方盘高 2.6 cm，口径 12.9×8.8 cm，足径 10×8.6 cm。敞口，浅弧腹，下承圈足。通体罩施白釉，釉色润白，其上绘饰青花纹样。盘内外皆以青花双弦纹划分界限，盘心绘双鹤上下翻飞，姿态翩然，周身云气缭绕，更显动势。闲云野鹤在传统文化中代表了希望远离尘世的出世思想，为文人墨客超脱世俗的向往追求。设计者吸收"闲云野鹤"的传统文化元素，将书签外形分别设计为仙鹤与祥云，古韵十足，象征着吉祥如意与文人士族的隐逸情怀。

（四）"雅致生活"

"雅致生活"的主要产品有四人舞俑行李箱绑带、孔雀刺绣布贴、福将临门刺绣香囊、如意太平钥匙扣、一路平安钥匙扣等。

1. 四人舞俑行李箱绑带

四人舞俑行李箱绑带以西汉文物鎏金四人舞俑青铜扣饰为灵感。据史学家考证，传统舞蹈在我国具有十分悠久的历史渊源，早在上古时期就已经出现了舞蹈的雏形——大傩，此为早期的一种祭祀行为，具有舞蹈的元素。两汉时期舞蹈已经有了一定程度的发展，结合当时的工艺技术，制作了这样一款鎏金四人舞俑饰品。

四人均头戴尖顶高筒帽，帽上饰带柄的小圆片，帽后有两条下垂及地的飘带；身着长衣，肩部披帔，腰束带，带上佩圆形扣饰；右手执铃，左手挥舞于胸前；口微张，似乎在说教。设计者吸收四人舞俑的造型特征，运用几何、色彩、国潮的理念，对舞俑进行适当调整，将其"萌化"，颜色更加靓丽，风格更加可爱。产品除了用于捆绑行李箱之外，还可以作为腰带、包带等使用，具有较强的实用性。

2. 孔雀刺绣布贴

孔雀刺绣布贴是以馆藏文物广绣孔雀女风帽为设计灵感而制成的文创产品。孔雀在传统文化中具有吉祥的寓意，尤其是在傣族人民的心中有着极高的地位。广绣孔雀女风帽长 89 cm，最宽 37.5 cm，风帽紫缎地，绘有孔雀与小鸡、斑鹿等图案，极具艺术美感。设计者以此文物为原型，将布贴的形状设计为孔雀，展开的彩屏颜色亮丽，好似巨大的羽毛扇，孔雀姿态高傲优雅，形象生动逼真。

3. 福将临门刺绣香囊

福将临门刺绣香囊是以馆藏文物彩绣天王像为设计灵感制作而成的文创产品。彩绣天王像现保存于国家博物馆，所绣人物为佛教神话四大天王之一的西方广目天王。相传，广目天王居于佛教世界须弥山的西方，能够以净天眼观察世界，护佑众生。此文物中，广目天王双目圆睁，身披铠甲，手持弓背，双腿开立，威风凛凛，不怒而威。此绣像与居庸关长城石刻天王像具有相同之处，应为同一时期所作，为元代宝贵的彩绣珍品。

福将临门刺绣香囊以此天王像为原型，取广目天王卫家宅、保平安祥瑞之意。净天眼无时无刻不在守护万千世界。产品运用缎面绣、盘线绣等针法，手工刺绣而成，具有较高的制作难度，既具有浓厚的传统文化元素，又包含民间彩绣工艺，可以摆放在家中，亦可作为车挂等。

4. 如意太平钥匙扣

如意太平钥匙扣是以清朝文物乾隆帝御题如意为设计灵感而制成的文创产品。如意，最早是民间用于搔痒的一种常用工具，而逐渐发展成为吉祥如意的象征性物品，实用性逐渐褪去。清朝如意种类繁多，相传如意具有趋吉避凶之功效，是古代人民祈求幸福安康的重要物品，寄托了人们美好的希冀。乾隆帝御题如意由整块上等白玉雕刻而成，造型十分严谨规整，端首为常见的如意云形状，表面浅浮雕为两条在水中灵动跳跃的鲇鱼，取谐音"年年有余"。端顶雕刻一只飞来的蝙蝠，取谐音"福从天降"。另外，长柄正面高浮雕水仙和灵芝纹，背面刻有乾隆皇帝的御题诗，足见此文物的艺术价值。

如意太平钥匙扣以乾隆帝御题如意为原型，模拟其外形特征，在钥匙扣上运用立体雕刻技术，呈现出水中的鲇鱼形象。同时，设计者对钥匙扣上面的图案进行了细微处理，使产品更具时尚型，实现了传统与时尚的有机融合。

5. 一路平安钥匙扣

一路平安钥匙扣是以国家博物馆藏品乾隆粉彩百鹿尊为设计灵感制作而成的文创产品。因公元 1738 年乾隆曾下令将洋彩百禄双耳尊照样烧造不要"耳子"的记载，而该文物却仍有"耳子"，所以推测其制造年份应于 18 世纪早期。此文物体通体施白釉，肩部饰鹿首耳。器身绘粉彩山水苑百鹿图。画面中山石、树叶多以绿彩绘成，施彩浓厚；群鹿、枝干以赭、黑等彩作画，群鹿活现，枝干苍劲，笔绘生动细腻。

一路平安钥匙扣以乾隆粉彩百鹿尊为原型，取"百鹿"祥瑞之意，造型为

"仙鹿回首"状，寓意幸福平安。同时，设计者在创作时为仙鹿赋予了一些俏皮与灵动的特征，使产品看起来更加活泼灵动，可爱俏皮。

第三节　《国家宝藏》文创产品

一、《国家宝藏》文创产业简介

《国家宝藏》是由中央广播电视总台、央视纪录国际传媒有限公司制作的文博探索节目。在某种意义上，《国家宝藏》已经突破某种综艺节目的限制，成为一种提升观众对于传统文化的认同感与自豪感的重要途径。

（一）《国家宝藏》

《国家宝藏》为 2017 年 12 月首播的一款综艺节目，至今已有将近 7 个年头，在这过去的几年，《国家宝藏》节目一度被称为"现象级"综艺节目，受到无数热爱历史与传统文化的人士追捧。

在《国家宝藏》（第一季），节目立足于中华传统文化资源，对各博物馆中馆藏的重要资源进行展现与介绍，并邀请艺人当台演绎文物背后所蕴含的故事，诉说沉寂千年百年的文化精神内核。

在《国家宝藏》（第二季），节目除了与国内多家博物馆合作之外，还得到全国政协文化文史和学习委员会等部门的广泛支持。

在《国家宝藏》（第三季），节目以紫禁城、西安碑林、苏州园林、布达拉宫、莫高窟、秦始皇陵、孔庙孔林孔府、三星堆遗址、殷墟为主题，分别进行介绍，并利用多媒体手段，对其进行影像化展示，探讨中华文明的形成及其对于世界文明发展所做出的杰出贡献。

值得注意的是，《国家宝藏》并非一个单纯的综艺节目，为了提升国家历史文物的知名度，为了更好地宣传与弘扬传统文化，《国家宝藏》与博物馆和相关企业合作推出了诸多文创产品，这代表着《国家宝藏》走上了文创产业发展道路，以综艺知名度引发了一场年轻人探索博物馆，了解文物历史的热潮。

（二）《国家宝藏》文创产业

自 2017 年《国家宝藏》节目开播，收获了观众的广泛好评。一时间，网民在淘宝平台搜索"博物馆"关键字的次数比往常增加了 300%，众多数据的突然涌现意味着人们对于文化综艺类节目十分喜爱。

2018 年年底，《国家宝藏》节目组工作人员抓准时机，精准调研，迅速制作并推广了大量文创衍生品，开始了《国家宝藏》文创产业的发展之路，尤其是与天猫达成合作，在天猫平台上开设了"你好历史"旗舰店，以传统文物为设计灵感，推出了上百个文创产品。另外，《国家宝藏》还与天堂伞、小雅音箱、端木良锦等品牌，以及瞿广慈、铜时代等知名艺术家品牌合作。之前，故宫也曾推出原创 IP 系列口红。由此看出，原创 IP 产品越来越受欢迎。

2021 年 9 月，岭南之窗·潮墟非遗活化创新沙龙正式举办，《国家宝藏》等重磅 IP 共同进驻，一方面，《国家宝藏》为此次活动带来了许多实际帮助，助力潮墟非遗发展新的路径；另一方面，《国家宝藏》也在活动中吸取值得借鉴的文创元素，以促进接下来的文创产业发展与提升。如今，《国家宝藏》在各电商平台推出的文创产品数量越来越多，种类更是琳琅满目、千差万别，成为我国文创事业发展的"主力军"。

二、《国家宝藏》文创产品内容

《国家宝藏》开发的文创产品绝大多数在天猫"你好历史"旗舰店中，产品新意十足，底蕴浓厚，有美妆饰品、办公文房、拼图模型等诸多类别。

（一）美妆饰品类

1. 祈愿·红绳

红色，在传统文化中象征着喜庆、祥和、庄严、尊贵等意义，在华夏大地数千年的演变过程中，红色始终与婚庆活动、节日活动，乃至国家重要庆典紧密相连。所以，红色在中国人的心中代表着好的意头。

文创设计者取红色在国人心中的吉庆之意，寓意"吉祥平安"，运用四面八股编法，寓意"八股平安、四平八稳"，祈愿世间之美好。

2. 九色鹿丝巾

鹿，在传统文化中象征着吉祥、幸福、长寿。在神话中，许多仙人都以鹿作为自己的坐骑，如南极仙翁、燃灯道人等。在我国四大石窟之一敦煌莫高窟的第257 窟中，保存有北魏时期刻画的《鹿王本生图》壁画，壁画以九色鹿为主题，诉说了佛教中的重要典故。

文创设计者以这幅《鹿王本生图》中的九色鹿为灵感，以桑蚕丝作为主要材料，制成文创丝巾，既充分展现了敦煌壁画艺术，又具有极高的实用价值。

3. 三星堆蜀佑符

三星堆是我国四川广汉地区的重要历史遗址，就考古学者推测，该遗址距今已有 5000 至 3000 年的历史，从这里出土的文物与我们常规意义上所认识的器物完全不同，无论是神秘的金面具与高耸的青铜神树，还是古老的金权杖与奇异的纵目面具，都引发了学界强烈的好奇与广泛猜想。虽然三星堆还有许多未解之谜，但是有一点可以确定，那就是三星堆是我国宝贵的文化财富。

文创设计者以三星堆出土的文物为设计灵感，将神秘古老的青铜头像、面具等文物进行创新，制作出种类多样的蜀佑符。产品饱含着美好祝愿，表面设计承袭三星堆文物的花纹，仿佛蕴藏着古蜀国的神秘力量，饶有新意。

（二）办公文房类

1. 万国图系列文件夹

早在西晋时期，著名地理学家裴秀曾编制《禹贡地域图》，又把旧《天下大图》缩制成《地形方丈图》，这表明我国自古就已经出现地理方面的学者，并取得卓著的贡献。明朝时期，官员李之藻与意大利人利玛窦在总结前人地理学经验的基础之上，共同绘制出彩绘世界地图《坤舆万国图》，此为我国历史上最重要的地理图册之一，曾颠覆国人对于传统世界的认知。

文创设计者以这幅《坤舆万国图》为灵感，创作出满版印刷的《坤舆万国图》文件夹。文件夹素净古朴，色调清新，仔细观察，可以发现上面印有《坤舆万国图》的图案，意蕴十足。

2. 国宝献瑞书签套装

大报恩寺为南京市的著名历史遗址，位于秦淮区中华门外，是继洛阳白马寺之后我国的第二座寺庙。大报恩寺的核心建筑为大报恩寺疏璃宝塔。该塔最重要的地方在于其拱门，塔上的拱门共有 64 套，每一拱门上都有装饰兽纹。这些兽纹也并非随意镌刻，而是各有渊源，主要包括金翅大鹏鸟、龙女、摩羯鱼、飞羊、狮子、白象王等。而这些兽类在佛教中都各有其象征和寓意，具有祥瑞之寓意。文创设计者以这几种瑞兽为灵感，设计出六种形态各异、妙趣横生的书签产品，集古代瑞兽元素与文具产品于一体。

3. 鲸鲵戏流纸砖

《洛神赋图》为东晋著名书画家顾恺之的传世名作，后人对此也多有临摹，在众多的摹本中，北宋时期流传下来的作品堪称典范，深切展现出《洛神赋图》所蕴含的内容。

《洛神赋图》全卷共分三个部分，表达了曹植与洛神真挚动人的爱情故事，画作整体充满想象力，虚实之间尽显飘逸与浪漫。文创设计者以这幅摹本为原型，设计创作出鲸鲵戏流纸砖，产品外形为立方体，四周绘有《洛神赋图》中鲸鲵形象，古典之感跃然纸上。同时，产品还具备较强的实用功能，在需要之时即可撕下一片纸张，具备记事贴的用途。

4. 敦煌系列金属书签

敦煌系列金属书签以敦煌石窟上的壁画为创作灵感。敦煌石窟，指现存于我国河西走廊西端甘肃省敦煌市的石窟。敦煌石窟曾多次被我国，乃至世界各国给予高度评价，素来被誉为"世界文化宝库"，早已被列入《世界遗产名录》之列。

敦煌石窟主要包含莫高窟、西千佛洞、东千佛洞、瓜州榆林窟等，首次开凿于公元 4 世纪，至今已经有 1600 多年的历史。而在敦煌石窟中，除了那些造型生动、历久弥新的造像之外，还有十分宝贵的壁画作品。这些壁画的内容多为佛像画、经变画、装饰图案等，除了表达了佛教所要传达的精神和内涵，还充分体现了千年以前古人精湛的绘画艺术。

文创设计者以敦煌壁画之"飞天"与"藻井图案"为灵感，进行创新设计，制作出敦煌系列金属书签。产品外形为扁平镂空状，或呈现出敦煌乐舞形象，婀娜多姿、衣带飘飘、赏心悦目、仙气十足；或呈现出祥瑞莲花图案，寓意深刻，象征吉祥。

（三）拼图模型类

1. 中国风拼图

上海电影制片厂成立于 1949 年，是我国电影老企业，也是中国三大电影基地之一，其多部作品为人所熟知，成为许多人的童年回忆。其中，《大闹天宫》《哪吒闹海》《九色鹿》等动画作品家喻户晓。文创设计者以以上动画为灵感，将孙悟空、哪吒、九色鹿等动画人物作为原型，设计出颇具中国风的趣味性拼图，这包含浓浓的中国特色，同时还具有一定的益智性与趣味性，深受消费者的喜爱。

2. 妇好鸮尊模型

妇好鸮尊模型是以收藏于中国国家博物馆的文物妇好鸮尊为原型设计而成的文创产品。妇好鸮尊出自商朝晚期，是我国发现最早的一件鸟形酒尊。该器造型实用、纹饰精巧，具有极高的艺术欣赏价值。该件鸮尊英姿飒爽、雄壮威武，细细观察它身上的纹饰，主纹高出器物表面，再以阴线的刻纹相辅，令整件鸮尊的纹饰主次分明，有着鲜明的层次变化，具有商代铜器的大气肃穆和独特的神韵。

文创设计者以妇好鸮尊为原型，全面吸取其中的文化元素，并进行适当"萌化"，制作出妇好鸮尊模型。消费者对该模型进行拼装的过程中，既能够锻炼思维能力与动手能力，又能够体会中国古代文物所蕴藏的深刻文化内涵。

第四节　苏州博物馆文创产品

一、苏州博物馆文创产业简介

苏州博物馆是 1960 年元旦设立的文物系统国有博物馆，位于苏州市姑苏区东北街，经过半个多世纪的发展，如今该博物馆耗资 3.39 亿元的新馆建筑和相伴的忠王府古建筑交相辉映，总建筑面积已达 26500 平方米。"修旧如旧"的忠王府古建筑作为苏州博物馆新馆的一个组成部分，与新馆建筑珠联璧合，从而使苏州博物馆新馆成为一座集现代化馆舍建筑、古建筑与创新山水园林三位一体的综合性博物馆。

（一）苏州博物馆

苏州博物馆陈列面积 2200 平方米，藏品 1.5 万余件，在众多藏品中，以书画、瓷器、工艺品、革命文物为主。一级文物 240 件（组），二级文物 1147 件（组），图书资料 7 万多册，碑刻拓本 2 万多件。

苏州博物馆的展厅主要分为如下几部分，分别为基本陈列馆、临时展览馆、赴外展览馆、民俗博物馆、过云楼陈列馆。其中最主要的为基本陈列馆。

基本陈列馆包含吴门书画、吴中风雅、吴塔国宝、吴地遗珍四个子场馆。"吴门书画"有北厅与南厅，展品为各种书画作品。谈到书画艺术，苏州是永远不可绕开的一个地区。据《吴门画史》所载，正德至嘉靖年间，吴派画家共有876 人；其后遂与表现主义或个性派并峙，成为交相起伏的两条主流。"吴中风雅"的展品为古代玉器、工艺品等。"吴塔国宝"突出展示了苏州两座标志性佛塔虎丘云岩寺塔和盘门瑞光寺塔内发现的国宝级佛教文物，分"宝藏虎丘：虎丘云岩寺塔佛教文物"和"塔放瑞光：瑞光寺塔佛教文物"南北两个展室，仿八角形砖塔的展室格局和主次分明的布局形式直观再现了文物保存原貌，充溢着庄严圣洁的宗教情怀。"吴地遗珍"的展品为历史上各个时期曾在吴地出现的文化与珍品，包括马家浜文化、崧泽文化、良渚文化、真山吴王墓、严山窖藏出土的吴国王室玉器、虎丘春秋墓出土的提梁盉等。

（二）苏州博物馆文创产业

苏州博物馆文创组成立于 2013 年 8 月，致力于从馆藏文物本身发掘文化元素和亮点，将其与现当代手工艺制作融合，创造出代表苏州工艺技艺，传承吴中风韵的各类艺术商品。

苏州博物馆作为我国重点发展的博物馆之一，具有诸多优势。一方面，吴地历史悠久，文化浓郁，具有十分丰富的文化优势；另一方面，苏州近年经济发展较快，经济水平较高，这也为苏州博物馆文创产业的发展提供了有力的支持。在相关政策的助推与带动之下，苏州博物馆近几年走出了一条文创开发的新道路，现在已经基本形成以馆内艺术品商店为核心，观众休息厅、紫藤书屋专柜和淘宝网店为辅助的综合发展模式。

据有关部门统计，2013 年至 2015 年，该馆文创产品销售额翻番，截至 2018年年底，苏州博物馆文创产品的销售额高达 3000 万元，这使之成为国内博物馆在文创领域发展的标杆，同时也带动了其他文创企业共同进步。

苏州博物馆之所以能够在文创领域取得快速发展，具有多方面的原因，笔者认为主要可以归纳为以下三点：

1. 吴地历史悠久，堪称中华文明的重要发源地之一

这里文化底蕴极其深厚。细数吴地的美称便可得见，如"鱼米之乡""丝绸之府""园林之城""文物之邦"等。以上美誉都充分说明苏州一带人杰地灵，有着丰富深刻的文化底蕴与历史遗存，而这些宝贵的文化成为文创设计的重要灵感来源。

2. 苏州博物馆是著名建筑师贝聿铭先生的杰作

无论是从外观还是内部设计上来看，苏州博物馆都具有极强的艺术性，带给人视觉上以美的享受，博物馆的建筑美学也可以作为文创设计的来源。

3. 苏州是吴文化的发祥地

这里出土的各种文物数不胜数，它们多保存于苏州博物馆中，成为文创设计的宝贵文化元素。

苏州博物馆文创产品的开发模式主要包含以下几种，分别为自主开发、授权开发、联名开发、技术委托。

自主开发，指博物馆管理者要求内部工作人员自主性进行开发，利用馆内的各项优势，充分调动设计者的主观能动性与工作积极性，努力从馆藏文物和吴地文化中寻找可利用的资源。此种开发的版权归博物馆所有，不过开发工作会耗费更多的人力、物力与财力。

授权开发，指苏州博物馆预先与开发商签订《IP授权协议》，将已经衍生取得的作品、商标等成果授权给开发商，由开发商进行接下来的一系列设计、开发、研制等工作，同时向开发商收取相应的授权费用。这种方式有利于吸引其他企业与博物馆共同协作，形成联动作用，能够更加有力地促进文创开发工作。

联名开发，指以互联网为平台，在网站上提前发布IP授权的馆藏信息，吸收招募优秀的创意企业，并与创意方建立联名合作关系，双方共同经营文创开发工作，并在最终推出的文创产品上印制双方logo，最后需要进行出售，分配利润。

技术委托，指委托具有较丰富设计经验与高超设计技术的企业进行产品设计，博物馆与其约定设计所应付的酬劳，不过待产品完成之后，只能由博物馆进行售卖，所以这相当于一种雇佣的关系。

苏州博物馆向公众开放文物信息，一方面向大众输出苏州博物馆相关的文化

信息，达到吸引消费者的目的；另一方面也能够从其他领域吸收第三方的加盟。

二、苏州博物馆文创产品内容

苏州博物馆文创产品可以大致分为珠宝首饰类、服配雅饰类、文房用品类、家居雅玩类、文创食品类、精致小物类。

（一）珠宝首饰类

苏州博物馆珠宝首饰文创产品主要有六角花窗首饰、云山首饰、紫藤系列首饰、双鸾合鸣系列首饰等。

1. 六角花窗首饰

六角花窗首饰是以苏州博物馆的窗户外形为设计灵感制作而成的文创产品。众所周知苏州博物馆不仅是国内著名公共服务文化场馆，更是一个造型艺术馆，其独特的造型艺术与现代美感吸引了诸多国内外艺术界人士前来观摩。六角花窗首饰的材质为铜镀真金，呈现出严格规整的六角形状，虽然尺寸较小，但是却展现出苏州博物馆的建筑艺术。

2. 云山首饰

云山首饰是以著名画家米芾的山水画风为设计灵感而制成的文创产品。米芾为我国宋代著名画家，其著名作品《云山图卷》代表着中国古代山水画的极高造诣。米家山水画风强调水墨挥洒点染，以此来展现烟雨山水融为一体的自然景观。苏州博物馆以米氏《云山图》为灵感，设计出这样一款锁骨链。产品中穿插一个银质的小型云山，极具米氏云山之意境。产品高低错落的山石，湛蓝清澈的天空，浑然天成，宛若一幅画卷。

3. 紫藤系列首饰

紫藤系列首饰是以忠王府中的一株紫藤为设计灵感制作而成的文创产品。在传统造林艺术中，紫藤被广泛应用，足见古人对它的重视程度。忠王府中的紫藤相传为吴中才子文徵明亲手栽植，并雅称其"文藤"。设计者以此为创意灵感，将紫藤的外形特征融入耳饰设计。该产品为紫藤花瓣状，着重体现了紫藤花摇曳的姿态，造型十分灵动，运用纯手工珐琅工艺，色彩均匀，十分细腻。

4. 双鸾合鸣系列首饰

双鸾合鸣系列首饰是以苏州博物馆馆藏文物回纹双禽油面揭为设计灵感而制作的文创产品。回纹双禽油面揭是我国古代女子梳妆时所使用的物品，以苏绣工艺装点女子的雅致生活，双禽图案色泽明丽，回纹设计寓意美好，即好事成双。

（二）服配雅饰类

服配雅饰类的产品主要有烟云过眼系列产品、暗香疏影系列产品、太湖雪系列产品、苏博绘影系列产品等。

1. 烟云过眼系列产品

烟云过眼系列产品是以苏州顾氏过云楼为设计灵感制成的文创产品。苏州顾氏过云楼是苏州市著名的私家藏书楼，建于清朝同治时期。过云楼楼主顾文彬为著名词人、书法家，自幼喜爱书画，十分擅长书法，又有收藏天下名诗名画之爱好，所以过云楼藏书众多，可谓"江南书画宝库"。顾文彬曾说道："书画之于人，子瞻氏目为烟云过眼者也。"也就是说历史的车轮滚滚向前，各种优秀的书画层出不穷，浩如烟海，如要穷尽一切书画绝无可能，还是应当超然洒脱，看淡一切。

如今，过云楼已经收归国有，曾经的私人藏书也成为国家文化宝库的一部分。设计者以过云楼楼主顾文彬的故事为启示，设计出包含"烟云过眼"字眼的系列产品，有帆布包、遮光眼罩等。产品印制的"烟云过眼"四字流畅自然，具有看淡一切、超脱世俗的洒脱感。

2. 暗香疏影系列产品

暗香疏影系列产品是以"暗香疏影"为设计灵感而制作的文创产品。在我国古代，暗香疏影作为一个词汇出自《林和靖集》，该文献中对于梅花有着十分形象生动的描写，即"疏影横斜水清浅，暗香浮动月黄昏"，这表明了梅花姿态与香气的特征，描写十分细腻动人。后来，吴湖帆与潘静淑夫妇承袭古人暗香疏影之含义，以梅影表达夫妻恩爱之情，他们共同完成的《花卉册》与《临王毂祥群英图》卷，则是暗香疏影文创产品的重要灵感来源。暗香疏影文创产品主要包括以其为原型而设计的手帕方巾，手帕运用现代印花技术，以《花卉册》中梅花图案印于手帕之上，合群英之芳华，寄似锦之美意，集实用性、创意性于一体。

3. 太湖雪系列产品

雪，在中国古代一直具有纯洁、圣洁的象征意义，因此许多文人雅士喜欢以雪为主题进行创作。作为明末清初的著名画师，陈洪绶被称为"明末四大怪杰"之一，其创作的《山水人物画册》名气斐然。在画作中，陈洪绶借古创新，没有完全拘泥于单一的创作形式，而是开创自己独特的创作风格。苏州博物馆以陈洪绶画作为原型，巧妙设计出融合古典名画意蕴的眼罩。

4. 苏博绘影系列产品

苏州博物馆藏品众多，十分珍贵，其中，清朝时期留存的工艺类文物数不胜数，它们各具特色，别具匠心，如紫砂方茶壶（清）、紫砂刻竹纹茶壶（清）、青花天女散花碗（清）、乾隆粉彩斋戒牌（清）等。苏州博物馆以馆藏珍贵文物为灵感，进行创新设计，将文物以颇具现代性与未来感的印花图案形象印于产品之上，如绘影真丝方巾、绘影真丝领带等产品。

（三）文房用品类

文房用品类的文创产品主要有六如手账本、仙山楼阁书签、君子若竹名片架等。

1. 六如手账本

六如手账本是以唐寅为设计灵感制作而成的文创产品。唐寅为明代著名诗人，其代表作《桃花庵歌》广为流传，诗中云"桃花坞里桃花庵，桃花庵里桃花仙"意境优美。文创设计者以此为启发，以桃花为元素，将其呈现在手账本上，似在诉说唐寅的传奇故事。

2. 仙山楼阁书签

仙山楼阁书签是以清代画家徐渭仁的《仙山楼阁图》为设计灵感而制成的文创产品。徐渭仁早年擅长书法，曾收藏大量碑帖，后喜好绘画，曾临摹明代画家仇英的《仙山楼阁图》，现藏于苏州博物馆。设计者以该图为灵感，将溪山高远之景象，江畔多姿之风貌抽象出来，完整体现于书签之上。

3. 君子若竹名片架

竹，在传统文化中象征着君子与气节。竹子生命力十分顽强，即使遇到狂风骤雨，也不会轻易折断，古人常用竹子比喻君子不畏权势的高尚气节。苏州博物馆藏品《七君子图》中有着对于竹子的生动描绘。该画卷集结了元代赵天裕、柯九思、赵原、顾安、张绅、吴镇等六人的画风，堪称元代墨竹绘画之典范。

文创设计者以《七君子图》为原型，为画中之竹子增添了全新的设计语言，将其制作为一个小巧便携的名片架，既吸取了竹子的外形，体现出一定的文化内涵，又具有一定的实用性。

（四）家居雅玩类

家居雅玩类的文创产品主要有苏绣刺绣、"陶冶之珍"冰箱贴、"方寸苏博"描金玻璃杯、《山水卷》书本灯等。

1. 苏绣刺绣

苏绣，是苏州地区广为流传的刺绣文化，属于苏州市民间传统艺术，是四大名绣之一。相传，苏绣至今已经有2000多年的历史。而在史书中，苏绣的记载也早在三国时期便已出现，可见苏绣历史悠久，经过多年发展，手法已经十分成熟。

苏绣具有图案秀丽、构思巧妙、绣工细致、针法活泼、色彩清雅的独特风格，地方特色浓郁。苏绣常以各种花草为主题，如玉兰、石榴、蝶恋花、兰花等。苏州博物馆文创设计者以苏绣为设计灵感，开发了苏绣刺绣 DIY 产品，包含真丝底布、竹制绣绷、真丝绣线、剪刀、绣针、穿针器等。他们不是单纯将产品呈现在受众的眼前，而是给人们以自己创作文创产品的机会，颇具新意。

2. "陶冶之珍"冰箱贴

苏州博物馆中展厅众多，其中"陶冶之珍"展厅的藏品多为各种颜色的釉瓷器，这些瓷器精妙绝伦，始终展现着其独有的历史韵味与艺术美感。苏州博物馆别出心裁地将这其中的部分瓷器进行微缩设计，将它们制成了袖珍、可爱的立体式冰箱贴，如郎窑红釉瓶冰箱贴、豇豆红釉螭纹太白尊冰箱贴、洒蓝釉石榴尊冰箱贴、绿釉瓜棱橄榄尊冰箱贴等。

3. "方寸苏博"描金玻璃杯

苏州博物馆由世界著名建筑大师贝聿铭担纲设计，采用"中而新、苏而新"的设计理念，融建筑于园林之中，化创新于传统之间，使苏州博物馆成为一座集西方现代主义建筑、中国传统建筑和创新山水园林三者和谐融合的博物馆。

文创设计者以苏州博物馆自身的设计特色作为原型，设计制作了一款描金玻璃杯。该产品杯体透明，绘有苏州博物馆外形的简约图形，体现了苏州博物馆的建筑设计之美感，产品极具现代美与简约美。

4.《山水卷》书本灯

《山水卷》为明清之交的著名画家龚贤所作，该画卷描绘了太湖及其周边山峦的美妙景象，画卷之中山峰挺立，树木葱郁，笔法苍劲有力，大气磅礴，大开大合，虽无大江大川，却给人以壮阔雄浑之感。设计师以《山水卷》为灵感，创作出《山水卷》书本灯，每一页均由铜版纸印刷，绘有清晰的《山水卷》图案，封面写有"清龚贤山水卷"六个大字，使产品的古韵展现得淋漓尽致。

第五节　陕西历史博物馆文创产品

一、陕西历史博物馆文创产业简介

陕西是中华民族和华夏文明的重要发祥地之一，承载着黄帝陵、兵马俑、延安宝塔、秦岭、华山等众多中华文明、中国革命、中华地理的精神标识和自然标识。中国古代历史上包括周、秦、汉、唐等辉煌盛世在内的十四个王朝或政权都曾在这里建都，其丰富的文化遗存、深厚的文化积淀，形成了独特的历史文化风貌。

而被誉为"古都明珠，华夏宝库"的陕西历史博物馆则是收藏和展示陕西历史文化和中国古代文明的艺术殿堂。如今，陕西历史博物馆不仅坚持做好文物收集与展览等相关工作，还在各界力量的支持之下，大力发展文创产品，取得了明显的成绩。

（一）陕西历史博物馆

陕西历史博物馆位于西安南郊唐大雁塔的西北侧，筹建于 1983 年，1991 年 6 月 20 日落成开放，是中国第一座大型现代化国家级博物馆，它的建成标志着中国博物馆事业迈入了新的发展里程。这座馆舍为"中央殿堂、四隅崇楼"的唐风建筑群，主次井然有序，高低错落有致，气势雄浑庄重，融民族传统、地方特色和时代精神于一体。

馆区占地 65000 平方米，建筑面积 55600 平方米，藏品库区面积 8000 平方米，展厅面积 11000 平方米，收藏的 170 余万件（组）藏品，上起远古人类使用的简单石器，下至当代社会生活的各类见证物，时间跨度长达一百多万年，不仅数量多、种类全，而且品位高、价值广。在这些琳琅满目的藏品中，尤以典雅庄重、见证礼乐文明的商周青铜器；千姿百态、展现多彩生活的历代陶俑；精美绝伦、重现盛世气象的汉唐金银器；以及举世无双、独步天下的唐墓壁画最富特色。

陕西历史博物馆是一座综合性历史类博物馆。开馆以来，充分发挥文物藏品优势，坚持"保护为主、抢救第一、合理利用、加强管理"的方针，把社会教育、收藏保护、科学研究和产业发展有机结合，举办了各种形式的陈列展览，形成了基本陈列、专题陈列和临时展览互为补充、交相辉映的陈列体系，利用多种手段从多角度、多侧面向广大观众揭示历史文物的丰富文化内涵，展现华夏民族博大精深的文明成就。

作为首批中国"4A"级旅游景点，陕西历史博物馆以其丰富的藏品、精彩的陈列、优美的环境、优质的服务和独特的魅力，吸引着众多中外宾客纷至沓来，已成为传播中华民族优秀文化和对外文化交流的重要窗口。

新时代，陕西历史博物馆这座汇集着三秦大地文物精华的文化殿堂，将会以高质量发展为引领，以充满生机和活力的崭新面貌，为中华民族的伟大复兴和人类命运共同体建设做出更大的贡献。

（二）陕西历史博物馆文创产业

自 2016 年 5 月国务院办公厅批转文化和旅游部等部门出台《关于推动文化

文物单位文化创意产品开发的若干意见》（以下简称《意见》）之后，陕西历史博物馆便开始了文创产业发展之路。陕西历史博物馆以《意见》为指导，在充分调研、论证的基础上，科学制订符合本馆实际的文创发展规划。2016年文创产品产值1600余万元，实现净利润200余万元。同年11月，国家文物局将陕西历史博物馆列入全国博物馆文化创意产品开发试点单位。陕西历史博物馆依托陕西地域历史文化及馆藏文物藏品优势，将传统文化与时尚、现代元素相结合，研发出了大量具有广泛影响力的产品。截至2021年，陕西历史博物馆已经有30多种（系列）文创产品荣获国家、省市多类奖项。400余种、2000余款特色文创产品已形成品种齐全、种类多样、特色鲜明、富有竞争力的陕西历史博物馆特色文创产品体系。

陕西历史博物馆在当地历史人文底蕴的支撑下，通过多重有效的实践方案进行文创产业发展，开发出一系列优质文创产品，得到社会各界一致好评。对其发展模式进行细致分析，可以归纳为以下几个方面。

1. 陕西历史博物馆具有较强的自主研发创新能力

文创产品的关键因素在于文化性、创新性，对于陕西历史博物馆来讲，其文化性毋庸置疑，同时该馆十分重视创新研发，深刻认识到创意的重要性。管理者极力强调自主研发，要求设计者尽量避免"照搬照抄"，要深入分析与研究文物的特性，并针对其特点进行创新研发。

2. 陕西历史博物馆开办文创比赛

陕西历史博物馆与陕西文化产业投资控股（集团）有限公司合作举办第三届"中国创意"产品设计大赛暨陕西历史博物馆文创产品设计大赛。通过比赛，提升了文创产品的影响力，让更多的文化爱好者开始看到陕西历史博物馆进行文化领域创新创造的决心，吸引了大量的"粉丝"。

3. 陕西历史博物馆与其他博物馆协同发展

陕西历史博物馆与国家博物馆建立战略合作关系，将100件珍贵藏品以IP方式授权开发，进而实现了与阿里巴巴的合作。这成功使陕西历史博物馆的文创产品从线下走到线上，极大提升了社会知名度，拓宽了销售渠道。

4. 陕西历史博物馆与重点高校开展合作

陕西历史博物馆与重点高校开展合作，如博物馆与武汉大学开展科技保护合作，从武汉大学招聘具有专业素养的人才，聘请他们来博物馆进行实习实践，这对学生们是一种历练与提升，同时也为博物馆文创发展注入新的活力。

5. 陕西历史博物馆与社会企业合作

陕西历史博物馆与社会企业广泛合作，共同研发文创产品。例如，2016 年与陕西秦艺坊珠宝有限公司共同策划、打造的文创拳头产品"丝绸之路复兴鼎"，被陕西省外办推荐到外交部列入国礼名录。

6. 开展"优秀历史文化进校园"活动

在宣传历史文化的同时，让更多的院校师生参与到文化产品开发和文化产业发展中来，为陕西历史博物馆未来的文创产品开发工作集结了大量"后备力量"。

笔者认为，近几年陕西历史博物馆已经在文创领域取得了不错的成绩，与社会各界达成了广泛共识，邀请社会知名设计师与名牌高校师生群体共同开展文创设计与开发工作。而面对快速发展和转变的社会情况，陕西历史博物馆在未来还应当继续秉承创新理念，以多种方式实现传统文化的传承、发展与转化。

首先，进行运营模式创新。要在国家政策指导前提下，着力创办文创公司，以馆属公司为经营主体、以市场需求为导向，共同推动文化产业发展。继而依托公司平台，吸收社会力量，进一步同陕文投等著名文化企业开展深入合作，推动馆企合作模式不断走向成熟，实现优势互补、互利共赢。

其次，拓宽发展视野。要聚焦产业动态，追随产业前沿，以博物馆众多藏品所包含的文化优势，吸引各界广泛支持，并着力加强科研能力与创新能力，使文创产品跃至更加广阔的发展平台。

二、陕西历史博物馆文创产品内容

陕西历史博物馆藏品众多，设计者以馆藏文物与陕西当地历史文化作为文创灵感，设计出大量颇具新意的文创产品。纵观陕西历史博物馆文创产品，所吸收的文化元素种类繁多。

（一）以白陶舞马为灵感

马，在传统文化中有着重要的象征意义，象征着奋勇向前、自强不息。唐朝时期爱马之风盛行，认为马是英勇与俊美的结合体，涌现出大量以马为原型的文物。

其中，1972 年出土于陕西礼泉县张士贵墓的白陶舞马可谓万中无一之佳品，是国家一级文物。白陶舞马为站立状，通体白色，看似象牙雕刻，造型饱满匀称，体现出马匹的力量感，造型十分逼真。陕西历史博物馆以唐白陶舞马为灵感，设计出仿唐白陶舞马这一文创产品。该产品模仿白陶舞马的外形，以手工为主，体现马匹雄壮威武的特征，通体为琉璃材质，流光溢彩，美轮美奂。

（二）以青釉提梁倒注壶为灵感

倒注壶，是始于春秋时期，流行于唐宋，并完善和兴盛于明清时期的一种壶式。倒注壶体现了华夏先民高超的陶瓷工艺与审美层次。1968 年，陕西省彬县曾出土青釉提梁倒注壶，该文物属五代时期的文物，据考古学家研究，该壶为耀州窑的重要作品。

当时的造壶工匠利用连通器液面等高原理，将壶盖与器身连成一体，梅花形注水口在壶底中央，壶内有漏柱与水相隔，注水时将壶倒置，盛满之后将壶放正，能够做到滴水不漏。设计者以该文物为设计灵感，以陶瓷材质制作印有牡丹花纹的倒注壶文创产品。产品壶柄为凤凰鸟形，壶口为"狮子张口"，壶底印有莲花，寓意为"步步生莲"，集工艺性、文化性、实用性于一体。

（三）以朱雀铜熏炉为灵感

熏炉是我国古代用来熏香或取暖的炉子，早期常以青铜做材料，宋明之后制作材质逐渐丰富，并成为文人雅士把玩和欣赏的器具。陕西历史博物馆馆藏文物朱雀铜熏炉为汉朝时期文物，炉盖为山峦形，炉内放置香料，底盘上站立有一只神兽朱雀，朱雀头顶与香炉相连，意趣十足。设计者以该文物为原型，对其进行仿制，创造出全新的朱雀铜熏炉，表面以铜彩烧色，极具古韵。

（四）以鎏金翼鹿凤鸟纹银盒为灵感

鎏金翼鹿凤鸟纹银盒，为西安何家村出土的唐代文物，盒盖中心錾刻一只口衔绶带的带翼平角牡鹿，环绕以一周连心结，周围饰八朵莲叶忍冬组成的石榴花结。盒底中心为一只衔绶的凤鸟，周围饰连心结与八朵忍冬花结，盒沿饰流云飞鸟组成的二方连续图案。

陕西历史博物馆设计者以该文物为设计灵感，制作古风折扇，并取其"凤自大唐来，千花昼如锦"之意。折扇上绘有金翼凤鸟，具有深厚的意象特征，折扇凤鸟造型生动，栩栩如生，古韵十足。

（五）以陶俑为灵感

陶俑，是我国古代雕塑艺术中最为重要的组成部分之一，是古代墓葬中十分常见的随葬品。据考证，早在原始社会末期我国就已经有陶俑出现，先民们用泥捏成人或动物的形状并进行炼制。秦始皇陵出土的兵马俑为古代泥塑史不可绕过的内容，每个兵马俑形态各异，各具特色，气势壮观，栩栩如生。

到了唐朝，由于我国与周边诸国的联系愈发密切，在广泛交流中，古代生产技术与科技水平有了明显提升，唐朝陶俑吸纳周边艺术之精华，有了更加丰富的表现形式，比较著名的俑人有黄釉持钹女伎乐俑、陶持排箫女伎乐俑、陶持琵琶女伎乐俑、三彩胡人牵马俑、大食人俑、三彩骆驼、三彩天王俑等。

而陕西地区为唐代都城，出土陶俑艺术品无论是数量还是种类都属全国之最，这些文物收藏于陕西历史博物馆，成为文创设计丰富的灵感来源。例如，设计者以陶俑为灵感，模仿其外形，并适当进行"萌化"，设计出做工精细、规格较小、颇具趣味性的小唐人卡通徽章。这样一枚枚徽章承载的是唐代特有的文化标签，将历史中的美好就此定格，俏皮可爱、鲜艳明快，方便人们进行佩戴。

（六）以"金怪兽"为灵感

"金怪兽"为1957年出土于陕西神木市纳林高兔村的文物，现收藏于陕西历史博物馆，陈列于馆中第二展厅。该文物造型为鹰嘴兽身，大耳环眼，头生双角，每角分四叉，叉端各浮雕有立耳环眼鹰嘴怪兽。怪兽弯颈低头做角抵状。尾卷成环形，亦作怪兽头像。其身躯及四肢上部满饰凸云纹，颈及胸部以细线条刻画成鬃毛。怪兽之角、尾、托座系分铸焊接而成。

最为人称道的是"金怪兽"四蹄立于托座之上，全身隐藏有17只小鸟，这体现了古代设计者的精湛技艺。陕西历史博物馆文创工作者以此"金怪兽"为原型，别出心裁地设计出一款衍生品，对"金怪兽"的造型艺术进行了巧妙提取与创新，打造出一个具有"金怪兽"特征的"萌化"玩偶（抱枕），该产品的腹中还藏有一个十分精致的法兰绒毛毯。

（七）以鎏金铁芯铜龙为灵感

龙，在传统文化中具有极为丰富的象征意义。华夏民族自称为"龙的传人"，这足见龙与中国人之间难以割舍的联系。鎏金铁芯铜龙是1975年于西安市南郊草场坡出土的一级文物，该文物材质为铜，铜内包有铁芯，使其造型更加牢固，表面为鎏金，增加了文物的光泽。龙头与上身呈"S"形，使文物整体显得更具活力，凸显了铜龙的威武霸气之感。

整条龙造型流畅，动感十足，为唐代龙身造型艺术的典范。陕西历史博物馆文创设计者取该文物之"祥龙献瑞、四季长安"含义，以专业手工艺人亲自"操刀"，深度还原该文物，更增添了几分光泽感，使产品看起来更加霸气与威严。

（八）以虎符为灵感

虎符，是古代王侯将相调兵遣将所使用的信物，一般由青铜或黄金制成，分为左半与右半，当两半合二为一，便能够调动大量的精兵猛将。虎符最早出现于春秋战国时期，如今陕西历史博物馆中馆藏的虎符是从西安南郊发现的。

考古学者推测该虎符是战国时期的文物，上面有"杜"字，即杜虎符，具体年份应在秦惠文君称王之前的十二年内，也就是公元前324年至前311年之间。该文物给人一种威严、庄重、神秘感，虎身印有大量文字，表明该虎符所能调用的兵力等信息。

陕西历史博物馆文创设计者以虎符为灵感，以纯银材质打造虎符，再现经典传承。产品为虎符一对，左右各一个。虎符取"福运临门、虎虎生财"之意，意味深长。

（九）以唐鎏金鹦鹉纹提梁银罐为灵感

唐鎏金鹦鹉纹提梁银罐装饰精美，罐身通体装饰以鹦鹉为主体，鹦鹉周边装饰有艳丽的团花，余白处还衬填以折枝花草。鹦鹉展翅飞翔于花丛之间，灵动可爱，栩栩如生。鹦鹉的形象鲜活而丰满，恰好与圆浑的外形、饱满的团花相配，给人以富贵喜庆的感觉。而且这件器物圆润饱满，很容易让人联想起唐代以胖为美的审美观念。

唐鎏金鹦鹉纹提梁银罐 1970 年在何家村出土时罐内尚存有半罐水，水上浮着一张极薄的金箔，其上立着十二只精致纤细的赤金走龙，水中还散落着十余颗颜色各异的宝石，历经千年岁月依然璀璨夺目。

如今，该文物收藏于陕西历史博物馆内。博物馆文创工作者以其为灵感，设计出鎏金外形、印有鹦鹉花纹的冰箱贴。该文创产品上的鹦鹉纹路清晰，虽个体较小，却做工精美，栩栩如生，充分吸收并生动再现了文物的造型美感。

（十）以鸳鸯莲瓣纹金碗为灵感

鸳鸯莲瓣纹金碗为唐朝时期的重要文物，于 1970 年出土于陕西西安市南郊何家村。事实上以碗为形制的物品在唐朝时期比较丰富，但是多以银为主体材质，金质碗较少，这也是此碗被学者颇为重视的原因之一。同时，该文物造型颇具美感，稳重的双重结构和华丽的纹饰，是典型的唐代艺术风格。陕西历史博物馆设计者以其为原型，吸收鸳鸯莲瓣纹元素，创作了一套白瓷茶具，即莲问·茶具。

该文创产品还融入"大舍大得"的智慧为创作元素，大胆舍去莲花花瓣繁复的纹理和结构，以简约的线条勾勒出莲花的素雅形态，凸显极简舒适的生活美学。德化白瓷材质，洁白高雅，一如莲花出淤泥而不染。执此茶盏喝茶，茶香心静，惬意享受。

（十一）以三彩仰头马为灵感

唐三彩在中国文化发展史上占有十分重要的席位，唐三彩文物风格多样，造型多变，以人物、动物为主。三彩仰头马为著名的唐三彩作品，仰头马施灰白色釉，并且间杂有褐色斑纹，伸颈昂头，张嘴做嘶鸣状，现收藏于陕西历史博物馆。设计者以三彩仰头马为设计灵感，吸取仰头这一独有的特征，运用黄铜纯手工打造出一款优质的文创产品。该文创产品通体黄褐色，马身饱满强健，比例协调，给人以一种精致细腻之感。

（十二）以双狮双凤纹菱花镜为灵感

双狮双凤纹菱花镜为出土于陕西西安的宝贵文物，直径 19.5 厘米，厚 0.8 厘米，铜镜为圆钮，八瓣菱花形，内区饰浮雕双狮双凤纹，相间分布，间隔以折枝萱草，外区饰以对称的蝴蝶萱草纹。文创设计者以此菱花镜为灵感，创作出凤翎翼舞手帕，该手帕看似简单，实际包含着双狮双凤纹菱花镜的文化元素，手帕中央印有两只凤凰，其姿态承袭菱花镜上的双凤纹，十分俏皮。

（十三）以《阙楼图》为灵感

《阙楼图》为唐代著名文物，1971年出土于陕西乾县懿德太子墓，目前收藏于陕西历史博物馆。该文物出土之前，一直在懿德太子墓墓道西壁，高305厘米，宽298厘米，反映了王宫阙楼建筑的形象。雕梁朱栏，青砖灰瓦，高脊翘椽，以门阙构图为主体，以一座母阙、两座子阙排成"三出阙"形式，阙楼的砖砌台基及雕刻花纹、挑檐及斗拱、鸱尾等都描绘得清楚可辨。从残留的长达80厘米的线条来看，是用界尺和木枝（或毛笔）起稿绘制出楼阁的造型，后填以重彩。楼阁背景为气势磅礴的山脉，山石层层，草木分布。通过颜色浓淡变化表现山石明暗。线条坚实、犀利，营造山石的突兀挺拔。在山峦、树木之景的衬托下，更见阙楼气势恢宏。

陕西历史博物馆文创工作者以《阙楼图》为灵感，创作出颇具古风的文创书签。该书签运用镂空工艺，呈现出《阙楼图》中的图景，三座阙楼并立，旁边有白云与仙鹤映衬，呈现出一幅恢宏的画面，引人遐想。

参考文献

专著：

[1] 赵玉宏. 文化创意产业融合发展研究：以北京文创产业为例 ［M］. 北京：经济日报出版社，2018.

[2] 许建华，许昕明. 香山工坊古建园林文创产业集聚区发展战略研究 ［M］. 苏州：苏州大学出版社，2017.

[3] 博妮塔·M·科尔布. 文创产业创业学 ［M］. 赵子剑，译. 沈阳：东北财经大学出版社，2018.

[4] 罗晓东，张学勤. 文创产业策论八讲：文化创意产业前沿经典案例探析 ［M］. 成都：四川人民出版社，2019.

[5] 徐锦江. 上海文化产业发展报告（2021）——迈向"十四五"：全球城市的文创力量 ［M］. 上海：上海社会科学院出版社，2021.

[6] 蓝色智慧研究院. 文创时代：北京市文化创意产业的发展与创新（2006—2015）［M］. 北京：中国经济出版社，2016.

[7] 匡红云. 文创旅游产业的顾客－品牌关系构建：消费者体验的视角 ［M］. 上海：上海财经大学出版社，2020.

[8] 阎星，尹宏，等. 传承与创新：文创中心建设之文化产业发展 ［M］. 成都：四川大学出版社，2018.

[9] 郭岚. 文创产品设计及应用研究 ［M］. 长春：吉林出版集团股份有限公司，2020.

[10] 王菊. 文创产品开发与创新设计 ［M］. 西安：西北工业大学出版社，2020.

[11] 王丽. 特色文化 IP 与文创产品设计 ［M］. 杭州：浙江大学出版社，2021.

[12] 周承君，何章强，袁诗群. 文创产品设计 ［M］. 北京：化学工业出版社，2019.

[13] 栗翠，张娜，王冬冬. 文创产品设计开发 ［M］. 北京：中国轻工业出版社，2021.

［14］金真一，金成，罗洋. 朝鲜族民间工艺与旅游文创产品设计人才培养结项汇报展汇编［M］. 延吉：延边大学出版社，2019.

［15］刘玉娟，文珠蓉. 文创品牌形象设计与表现［M］. 长春：吉林人民出版社，2021.

［16］程传超，周卫. 图书馆文化创意产品开发研究［M］. 长春：吉林人民出版社，2020.

［17］李雅林. 文化创意产业与产品传播的媒介发展路径研究［M］. 沈阳：沈阳出版社. 2019.

［18］张迺英，巢莹莹，钱伟. 文化创意产业管理与实务［M］. 上海：同济大学出版社，2020.

［19］谢京辉. 上海品牌之都发展报告（2020）［M］. 上海：上海社会科学院出版社，2020.

［20］俞敏敏，楼航燕. 别出机杼：原创性展览的理论与实践研究［M］. 杭州：浙江大学出版社，2019.

［21］屈健. "互联网＋"艺术理论评论人才培养学员论文集［M］. 西安：西北大学出版社，2019.

期刊：

［1］富子梅. 澳门：文创产业朝气蓬勃［J］. 中国产经，2022（11）：95.

［2］蔡鑫羽. 发展文创产业视角下的旧厂房改造更新研究：以杭州市拱墅区为例［J］. 建筑与文化，2022（6）：127－129.

［3］梁媛. 传统文化产业的数字化转型之路：马栏山视频文创产业园区的探索与实践［J］. 现代商贸工业，2022，43（15）：13－14.

［4］刘心怡，李近依. "双非"高校文创产业发展探究：以杭州师范大学为例［J］. 文化产业，2022（16）：166－168.

［5］尹珊珊. 文创产业驱动下的成都古镇转型升级发展研究［J］. 老字号品牌营销，2022（10）：48－50.

［6］郭永久，王依凡，周丹. 河北省近郊乡村旅游与文创产业艺术化发展研究：以河北省赤城县全家窑村为例［J］. 安徽农业科学，2022，50（9）：134－137.

［7］宋巍，郑淼. 文创产业背景下高校产品设计专业教学改革的研究［J］. 佳木斯职业学院学报，2022，38（5）：148－150.

［8］张乐，沈正中. 开展文创产业合作 深化甬台融合发展［J］. 两岸关系，2022（4）：17－18.

[9] 杨珊, 王颖. 创意管理学视角下视频文创产业园的集群效应研究: 以湖南马栏山视频文创产业园为例 [J]. 财富时代, 2021 (12): 156—157.

[10] 石焕斌. 建设文创产业园 推进媒体经济向文创产业转型 [J]. 传媒评论, 2019 (11): 36—39.

[11] 李晓峰, 冯紫薇. 日韩文创产业发展对广东文创产业国际化的启示 [J]. 广东经济, 2019 (11): 38—43.

[12] 周子涵. 新媒体时代文创产业 "年轻化" 设计研究: 以岳麓书院文创产业为例 [J]. 文化产业, 2019 (2): 7—8.

[13] 潘德金. 北京市文创产业实验区建设发展研究: 以朝阳区三间房乡文创产业驱动区域经济发展为例 [J]. 文化创新比较研究, 2019, 3 (1): 136, 138.

[14] 宁波市台办课题组. 深化甬台文创产业合作 提升宁波文创产业发展水平 [J]. 宁波通讯, 2018 (15): 68—69.

[15] 黄涛坚. 试论基于构建无边界博物馆理念的文创产业发展探索: 以广东省博物馆文创产业发展为例 [J]. 客家文博, 2018 (1): 25—30.

[16] 尹宏祯, 张国毅. 西部省会城市文创产业集群化发展研究: 成都文创产业集群化发展的调查研究 [J]. 四川行政学院学报, 2017 (6): 75—78.

[17] 中国经贸导刊报道组. 大势、大师、大时代: 大力推动女性文创产业发展——2017 中国 (成都) 女性文创产业发展论坛暨成都市第六届蜀绣创意大赛颁奖典礼成功举办 [J]. 中国经贸导刊, 2017 (28): 4.

[18] 杭州凤凰文化创意产业园. 杭台牵手打造文创产业: 2011 杭台文创产业合作高峰论坛在杭隆重举办 [J]. 工业设计, 2011 (11): 32—33.

[19] 杭州周刊报道组. 动漫引擎助力杭州文创产业转型 西子我们论坛: 从动漫看杭州文创产业的发展 [J]. 杭州 (周刊), 2011 (4): 12—13.

[20] 楚一泽. 文创产品同质化下档案文创产品的困境与 "突围" 策略 [J]. 浙江档案, 2022 (5): 64—66.

[21] 孔德强. 狮子座文创熏香烛文创产品设计 [J]. 上海纺织科技, 2022, 50 (4): 96.

[22] 连玥. 傩舞文创产品设计研究: 以傩舞文创产品《傩被》为例 [J]. 四川省干部函授学院学报, 2022 (1): 58—63.

[23] 孙晓帆, 王玮. 基于南京地域文化的文创产品设计研究: 以牛首山文创产品设计为例 [J]. 美术教育研究, 2022 (4): 84—85.

[24] 赵美川. 食味·趣味·品味: 广西特色小镇农产品文创包装设计之要——广西特色小镇文创产品研究系列论文之三 [J]. 文化创新比较研究,

2022，6（6）：130—133.

[25] 蔡佳怡，杨海英. 红色文创产品设计路径研究：以"思锦"文创产品项目为例 [J]. 声屏世界，2022（4）：76—78.

[26] 索朗平措，古桑多吉. 藏族传统纹样的公共文化审美与文创产品设计：以和睦四瑞文创设计为例 [J]. 西藏艺术研究，2022（1）：115—119.

[27] 钱琰彬，王安霞. 新文创视域下博物馆文创产品设计探析 [J]. 艺术研究，2022（1）：162—164.

[28] 薛苏楠，黄芯莹. 现代文创视角下无锡精微绣文创产品的设计研究 [J]. 辽宁丝绸，2022（1）：20—21.

[29] 孙恺祈，范姣，刘一龙. 价值引领语境下博物馆文创产品消费行为研究：基于 Z 世代故宫文创产品消费意愿的经验证据 [J]. 经营与管理，2022（2）：34—41.

[30] 程婷，陈于书. 博物馆文创设计方法在校园文创产品设计中的应用研究 [J]. 美术教育研究，2022（1）：102—103.

[31] 赵美川. 跨界·融合·创新：广西民族特色小镇文创之路探究——广西特色小镇文创产品研究系列论文之二 [J]. 广西城镇建设，2021（12）：12—14.

[32] 张明星.《文创潇湘》（文创产品交互系统设计）[J]. 出版发行研究，2021（12）：115.

[33] 周天，郭政，周潇斐. 字体设计在文创产品中的应用：以故宫文创产品为例 [J]. 美术教育研究，2021（22）：86—87.

[34] 敖蕾，龚子淇. 博物馆文创产品中的符号语意与传达：以故宫文创产品为例 [J]. 艺术与设计（理论），2021，2（10）：99—101.

[35] 戴佳瑞，戴佳琦. 文化消费语境下河北省文创产品设计与文创产业开发的策略研究 [J]. 中国多媒体与网络教学学报（上旬刊），2021（10）：161—163.

[36] 赵美川. 个性·根性·共性：莲花镇特色文创产品设计策略——广西特色小镇文创产品研究系列论文之一 [J]. 广西城镇建设，2021（9）：10—13.

[37] 王雪飞. 公共图书馆文创产品开发利用研究：以故宫博物院文创产品开发利用为例 [J]. 图书馆工作与研究，2021（S1）：49—54.

[38] 宋磊，王蕊，李子晗. 基于市场文创视角下汴绣文创产品研发的创新设计研究 [J]. 西部皮革，2021，43（18）：151—152.

[39] 朱骎，朱红红，蒋茜. 基于地域文化视角下的校园文创产品设计研究：以"韶华金陵"校园文创产品开发为例 [J]. 绿色科技，2021，23（17）：217—219.

附　录

优雅时光——文创餐具设计

设计者：张　颖　指导老师：李　韧　邵阳学院

一、设计背景

一日三餐，离不开食物，同样也离不开美丽的食器。食器除了作为器具用来盛放食物、夹取食物，更在日益追求生活品质的今天，被用来调节用餐气氛、增添生活情趣。食器，不仅仅是一种食物的载体，更承载着我们平凡生活中的饮食美学。中国古人向来崇尚"美食还需美器"的优雅情怀。此次课题研究采用岭南文化元素在餐具设计中的应用，设计出具有地域文化特色的餐具。通过本次的设计，希望其新颖的外观造型能符合人们的审美需求，并且让用户在使用过程中能够对岭南文化有新的认识。

二、设计意义

（一）从消费者的角度分析

有利于消费者在使用餐具用餐时，调节用餐的气氛，缓解压力减轻负担，为他们的餐饮活动带来一丝趣味性，让家庭用餐变得更享受更放松，增进家庭成员之间的感情。

（二）从设计师的角度分析

有利于设计师从当代人的审美需求与日用餐具的使用特点上出发，不断地在生活中感知并提取趣味性元素，设计出符合新时代且更加多元的餐具，让趣味性餐具为我们的生活带来更多温度。

（三）从观赏性角度分析

有利于通过餐具颜色、材料以及造型上的搭配展现出审美格调。本次设计将文化符号进行提取与视觉化呈现，让餐具既有实用性又饱含艺术的观赏性，赋予更深的文化内涵和底蕴。

三、设计创新点

（一）岭南建筑文化元素的融入

当今生活方式下，对于传统文化的传承与创新一直备受关注。目前我国市面上很多陶瓷餐具产品都是把传统纹样照搬照抄，缺乏创新。岭南文化是悠久灿烂的中华文化的重要组成部分，在本次设计实践中，将岭南特色建筑"镬耳屋"进行再设计应用到创作中，有利于我国传统文化的输出；将中国陶瓷艺术与传统文化元素相结合，赋予产品一定的文化内涵展现在群众的面前，在用户体验产品的同时感受岭南建筑文化的魅力。

（二）调节情绪的作用

中国古人一直以来崇尚"美食还需美器"的优雅情怀，餐具要满足人们基本使用功能的需求。此次设计理念是让餐具可以用来调节用餐气氛，能够让人充分享受到用餐的愉悦和满足。

四、产品效果图

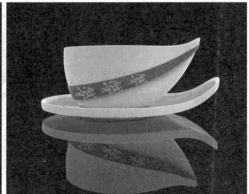

染付——蓝印花布文创餐具设计

设计者：卢远宁　指导老师：李韧　邵阳学院

一、设计背景

在经济全球化和市场经济功利思想的双重夹击下，我国许多的民间传统艺术逐渐被遗忘，如此一来，蓝印花布的传承与发展也同样受到了很大的影响。蓝印花布是最值得我们重视与保护的传统手工技艺财富。对此，本人希望能通过我的调研和设计，延续蓝印花布手工技艺，与现代的产品作为载体创新结合，让蓝印花布文化以其他形式在我们的生活中展现。蓝印花布是邵阳当地特色的民间艺术之一，纹样有着很多美好寓意，把它运用到产品设计中，不仅拓展了蓝印花布的应用范围，同时也使其更具文化与经济价值。

二、设计意义

（一）有利于传承和保护蓝印花布的传统工艺、理念与文化

对蓝印花布色彩、图案、工艺在餐具上的创新应用，使蓝印花布衍生品更加贴近人们的生活，是传承与保护蓝印花布工艺的必要手段。

（二）有利于提升蓝印花布传统文化的热度

将蓝印花布应用于日常生活的餐具产品中，让消费群体在蓝印花布餐具中感受其文化魅力，促进他们消费的同时，把蓝印花布文化带上新时代发展的舞台。

三、设计创新点

（一）产品语意创新

染付，即染色和绘染图案；将蓝印花布染色制作流程融入餐具的设计，也增加了消费者对蓝印花布工艺的认知。

（二）产品理念创新

与普通餐具相比，价格不会有太大提高；注入蓝印花布文化的同时也有功能使用的创新。

（三）产品功能创新

每种餐具都设计了使用功能的小创意设计，提升用餐时的体验。

四、产品效果图

藏秘——趣味调味瓶设计

设计者：刘一敏　指导老师：李韧　邵阳学院

一、设计背景

本次设计选择了邵阳传统文化蓝印花布与调味瓶相结合。邵阳蓝印花布是邵阳地方特色的一种表现，显示出蓝印花布文化在当今产品设计中的运用魅力以及传统文化语义对产品的隐射作用产生的使用趣味体验，而且还能表现出邵阳当地人的一些生活情趣。将蓝印花布的特色运用到调味瓶上面，能够体现一些活力和艺术气息。

二、设计意义

（一）有利于继承和发扬地域文化

对邵阳传统文化的继承和发扬具有重要意义。邵阳蓝印花布具有鲜明的地域特色，它承载着浓厚的民俗风情，对推广地方文化具有积极的意义。

（二）有利于传递积极的人生态度

蓝印花布作为一种非常优秀的传统文化，将其与日常文化创意产品结合起来，可以让使用者在使用的时候，对邵阳的传统文化进行更轻松、更有趣的解读，传达出一种积极的人生态度。

（三）有利于丰富调味瓶产品市场

"藏秘——趣味调味瓶"丰富了产品的符号语意与该产品的设计元素，同时也丰富了市场上的调味瓶设计。

三、设计创新点

提取出"藏秘"这个语义符号；造型简洁，减少污染，容易清洗；融入蓝印花布元素。

四、产品效果图

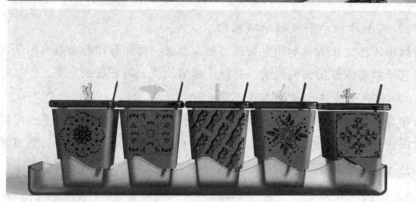

花映物——蓝印花布创意家居产品设计

设计者：冯贺松　指导老师：李韧　邵阳学院

一、设计背景

这些年来国家越来越重视文化的传承与发展。但文化发展的同时，传统文化因为图案、颜色不符合潮流的发展逐渐被人们所遗忘。本次研究课题是结合邵阳蓝印花布文化的创意家居产品设计，以"落红不是无情物，化作春泥更护花"表明传统文化对现在产品的一个影响和应用。花代表着蓝印花布，物代表着现代灯具。结合非遗文化蓝印花布和现代灯具，设计出既有"花映物"主题意义又能弘扬蓝印花布文化的灯具。通过"花映物"体现蓝印花布文化对现代灯具产品的影响和应用，本次课题是通过 DIY 用"花映物"的意蕴来表现蓝印花布镂空的工艺流程，使蓝印花布在符号语义形式上更加符合现在发展的潮流，真正能做到传承与创新的完美结合。

二、设计意义

（一）从文化角度看

把邵阳蓝印花布文化应用到家居产品设计中来，有利于弘扬邵阳传统文化，让消费者感受到邵阳蓝印花布文化的魅力；有利于蓝印花布文化与时俱进，符合时代潮流的发展。

（二）从设计角度看

有利于丰富创意家居的设计元素，有利于加强设计师对蓝印花布文化创意家居元素的选择和验证本次设计主题"花映物"对蓝印花布文化创意家居产品的意义。

（三）从经济角度看

有利于弘扬蓝印花布传统文化发展和促进相关产业的经济发展。

三、设计创新点

（一）理论创新

通过"花映物"——"落红不是无情物，化作春泥更护花"的意蕴提取，然后再通过符号语义变成一个可视的产品。用产品来解读诗的意蕴。

（二）形式创新

通过对原始图案进行操作使其变为符合用户审美的图案纹理。把蓝印花布的工艺流程融入这个产品上，用蓝印花布的手法来表现本次产品。通过镂空处理既符合蓝印花布的工艺流程又符合研究主题，"花映物"通过对原始图案的镂空使凋落的灯罩废屑变化为灯罩的图案处理，虽然变为废屑但又衬托了新的图案的诞生。

（三）用户体验

该产品是通过用户 DIY 体验、感受和弘扬蓝印花布文化的一个创意家居产品，采用几何造型变化，让用户自己去体验蓝印花布的工艺流程，有一定的惊喜感和情趣感。本次设计的图案纹理是符合设计哲学和设计美学的图案，使其映衬所学知识的运用。

四、产品效果图

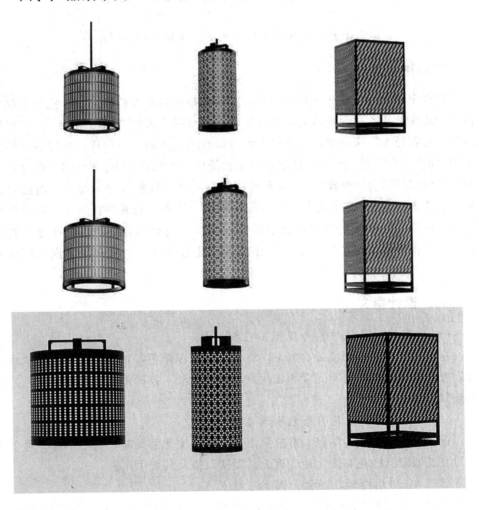

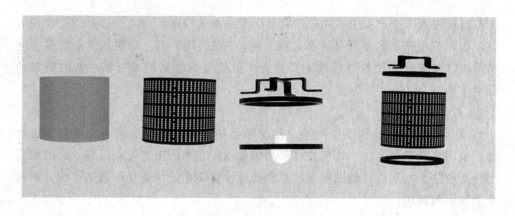

海纳——蓝印花布趣味收纳产品设计

设计者：王鹏展　指导老师：李韧　邵阳学院

一、设计背景

随着全球化与现代化进程的加快，蓝印花布逐渐被人们淡忘，挣扎在生存与消亡的边缘上。本次课题研究的是将蓝印花布与现代家居产品相结合，以"海纳百川，有容乃大"来命名，寓意像大海可以容纳无数的江河一样。从形态上将其分为"山""水"两个元素，使这两种元素简化运用到设计中。"海纳"在材料表现方面可以理解为"包容"，从而表明这款收纳盒可以放置很多物品，通过对比的方法体现效果。"蓝印花布"可以作为首选"纹理"对其进行装饰。同时在配色时，使用蓝色和蓝色的对比色来提升视觉感，也更贴合主题。设计这款收纳盒，可以将蓝印花布图案元素与其相结合，让蓝印花布文化再次走进人们的视野中。

二、设计意义

（一）有利于传统技艺与现代工艺相结合

在不违背收纳盒功能的前提下，将传统文化邵阳蓝印花布元素与收纳盒相结合，有利于邵阳蓝印花布元素和现代家居结合发展，使邵阳蓝印花布传统工艺重新被赋予意义。

（二）有利于增强花布手艺人的信心

有利于让新一代的年轻人重拾邵阳蓝印花布文化的兴趣与信心，也有利于传承与发展邵阳蓝印花布的文化、理念、图案，以及传统手工艺。

（三）有利于增加收纳盒产品的多样性

有利于丰富收纳盒这款产品的多样性，使邵阳蓝印花布元素流进更大的市场。

三、设计创新点

(一) 结构设计创新

设计时，在充分考虑收纳盒美感的情况下将蓝印花布图案元素融入此设计中。从形态上将题目海纳百川分为"山""水"两个元素，使这两种元素简化运用到设计中。"海纳"在材料表现方面可以理解为"包容"，从而表明这款收纳盒可以放置很多物品，通过对比的方法体现效果。"蓝印花布"可以作为首选"纹理"对其进行装饰。同时在配色时，使用蓝色和蓝色的对比色来提升视觉感，也更贴合主题。

(二) 功能设计创新

在设计多功能收纳盒时，可以将抽屉、手机支架、多功能区及笔筒结合在一起，抽屉能够用于存放一些私密性较强的物品，笔筒很适合用于存放小物件，功能区可以用于收纳钥匙、卡片等小物品。此收纳盒不仅适用于学生宿舍，还很适合在办公室内使用。要满足和保障不同人们在使用收纳盒时的不同需求，因此设计时将抽屉、手机支架、笔筒结合在一起，起到一个多功能的作用等。

四、产品效果图

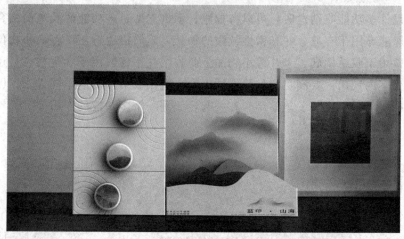

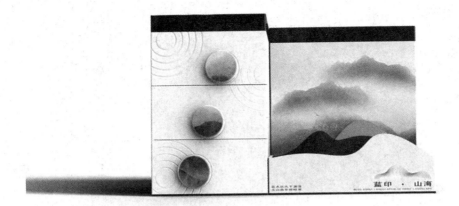